Topos plus **Taschenbücher**
Band 469

Gottfried Hierzenberger

Der Glaube der Hindus

Topos plus Taschenbücher

Topos plus **Verlagsgemeinschaft**

Butzon & Bercker, Kevelaer | Don Bosco, München
Echter, Würzburg | Verlag Katholisches Bibelwerk, Stuttgart
Lahn-Verlag, Limburg Kevelaer | Matthias-Grünewald-Verlag, Mainz
Paulusverlag, Freiburg Schweiz | Friedrich Pustet, Regensburg
Tyrolia, Innsbruck Wien

e verlags gruppe engagement

Bibliografische Informationen der Deutschen Bibliothek
Die Deutsche Bibliothek verzeichnet diese Publikation in der Deutschen Nationalbibliografie; detaillierte bibliografische Daten sind im Internet über http://dnb.ddb.de abrufbar.

2003 Verlagsgemeinschaft Topos plus, Kevelaer

Originalausgabe

Einband- und Reihengestaltung:
Akut Werbung GmbH, Dortmund
Satz: Schröder Media, Dernbach
Herstellung: Pustet, Regensburg
Printed in Germany

Topos plus – Bestellnummer: **3-7867-8469-8**

Inhalt

Grundwissen Hinduismus

Unter den großen Weltreligionen nimmt der Hinduismus aus mehreren Gründen eine Sonderstellung ein: Er ist nicht nur die älteste heute noch lebendige Religion – jene der Ägypter und Mesopotamier sind zwar älter, bestehen aber seit langem nicht mehr –, sondern zugleich das Ergebnis einer kontinuierlichen Entwicklung über 5.000 Jahre hinweg. »Der Hinduismus hat keinen Stifter, keinen Propheten, keine ›kirchliche‹ Organisation und kein Glaubensbekenntnis« (Raymond Hammer), er ist eigentlich gar keine Religion wie die anderen, sondern »ein Kollektiv von Religionen« (Heinrich von Stietencron) bzw. »das vielgestaltigste religiöse Gebilde, das die Gegenwart kennt« (Helmuth von Glasenapp).

Charakteristisch für die Hindus ist es, dass ihnen jeder Absolutheitsanspruch fremd ist. Wenn es scheinbar diametral gegenüberstehende Meinungen gibt, erklären sie nicht die eine für richtig und die andere für falsch, sondern suchen nach dem übergreifenden Zusammenhang, der sie als zwei Seiten einer Medaille erscheinen lässt. Sie lassen sich in ihrem Bewusstsein nicht einengen, sondern akzeptieren und anerkennen einander auch in all ihren Verschiedenheiten, weil sie ein einheitliches letztes Ziel aller Religiosität postulieren und einsehen, dass es wegen der ungeheuren Vielfalt der menschlichen Individuen, die auf sehr verschiedenen Entwicklungsstufen stehen, höchst unterschiedliche Wege geben muss, auf denen die Menschen zum gleichen Ziel unterwegs sind. Das hat dazu geführt, dass die Hindus eine ungewöhnliche große Fähigkeit entwickelt haben, Elemente anderer Religionen zu integrieren, Fremdeinflüsse zu assimilieren und bei all dem doch ihre eigene Tradition zu bewahren.

Das gilt aus ihrer Perspektive für die verschiedenen Hindu-Religionen ebenso wie für die Wege der »Häretiker« (z. B. Buddhisten oder Jainas) und auch der »andersgläubigen Barbaren« (z. B. für die europäischen Christen oder die Muslime). Für einen Hindu betrifft Vielheit immer nur die Oberfläche, er sieht dahinter die »übergreifende intentionale Einheit, insofern alle Religionen versuchen, den Menschen einen Zugang zur Gottheit (oder zur letzten Realität, zum Absoluten) und zum wie immer definierten ›Heil‹ zu öffnen

... das betrifft alle Religionen der Menschheit«. (Heinrich von Stietencron)

Was Muslime oder Christen glauben und wie sie handeln sollen, ist im wesentlichen festgeschrieben, weil es eindeutige Kriterien der jeweiligen Orthodoxie beziehungsweise Orthopraxie gibt, zu denen sie sich bekennen und an denen ihr Handeln zu messen ist. Nicht so bei einem Hindu, denn er gehört gleichzeitig ganz verschiedenen religiösen Systemen an, die einander sogar deutlich widersprechen können, denn ein Hindu hat – nach unserem westlichen Verständnis – nicht eine, sondern mehrere verschiedene Religionen. Und er behauptet selbst ja gar nicht, ein ***Hinduist*** zu sein. Dieser Name wurde erst vor rund 200 Jahren von europäischen Gelehrten geprägt, als sie sich im Zuge der Kolonialisierung mit dem Glauben der Hindus beschäftigten und der seltsamen exotischen Blume, die sie da unversehens entdeckten, einen Namen gaben, der sich im Laufe der Zeit zwar als unpassend herausgestellt hat, aber nicht mehr so leicht abzulegen ist.

Schon allein dieses Faktum zeigt, wie wichtig es ist, unvoreingenommen nach dem eigentlichen **Glauben der Hindus** zu fragen, wenn man sich um ein GRUNDWISSEN HINDUISMUS bemüht!

Für indische Verwaltungsbeamte ist jeder Inder ein Hindu, wenn er sich nicht ausdrücklich zu einer anderen Religion bekennt. Die neuere indische Rechtssprechung geht sogar noch weiter, indem sie auch Buddhisten (0,7 Prozent), Jainas (0,5 Prozent) und Sikhs (0,2 Prozent) zu den Hindus rechnet und nur Muslime (11 Prozent), Christen (2,4 Prozent) und Juden davon ausnimmt. Das bedeutet, dass 85 Prozent der Inder in diesem Sinne Hindus sind.

Nicht jeder Hindu praktiziert seine Religion. Auch hier hat sich die moderne Säkularisierungs-Bewegung ausgewirkt. Und die aktuellen Konflikte zwischen Indien und Pakistan haben nicht wirklich einen religiösen Ursprung, wie man in politischen Kommentaren oft zu hören bekommt, sondern wurzeln in teilweise sicherlich weit zurückreichenden, sehr komplexen politischen und ökonomischen Problemen.

Sicherlich ist der Hinduismus aufs engste mit der *Mutter Indien*, mit ihrer uralten Gesellschaftsordnung, langen Geschichte und auch mit ihrer Natur verbunden, die er voll von

Leben sieht. Vor allem die Berge und Flüsse spielen im Alltag und im religiösen Leben eine bestimmende Rolle. Sie sprechen zu den Indern von den Mächten, die das menschliche Gestalten leiten oder ihm entgegen stehen und vermitteln ihm Erfahrungen von göttlichen und dämonischen Kräften, die seit Ewigkeiten wirksam sind. Deshalb nennen Hindus ihren Glauben gerne ***sanātana dharma*** (= ewige Religion). Daher wird oft behauptet, dass man »ein Hindu sei, weil man als Hindu geboren wurde«. Und von Radhakrishnan, dem ehemaligen Staatspräsidenten Indiens, stammt der Ausspruch: »Hinduismus ist mehr eine Kultur als ein Glaubensbekenntnis«.

Die Entwicklung in den letzten Jahren ging leider insofern in eine andere Richtung, »als fundamentalistische Hindu-Gruppierungen (Welt-Hindu-Rat = VHP) und Parteien (BJP) nach einem nicht nur indischen, sondern hinduistischen Staat rufen (Hindi, Hindu, Hindustan gehören zusammen: Hindustan den Hindus!'). Das sind gefährliche Parolen, denn rund ein Sechstel des indischen Staatsvolkes würde auf diese Weise an den Rand gerückt oder gar kulturell-politisch ausgeschlossen. Hindu-Massaker an Muslimen und neuerdings auch gewalttätige Übergriffe auf christliche Kirchen und Einrichtungen sowie Angriffe auf Priester und Nonnen lassen für die Zukunft des bisher so toleranten indischen Staates fürchten.« (Hans Küng)

Dass Indien und Pakistan über ein jederzeit verfügbares Nuklearpotenzial verfügen, verleiht solchen Konflikten eine zusätzliche, höchst brisante überregionale Bedeutung.

Der Name **Hindu** geht zurück auf den *Indus*, den großen Strom im heutigen Pakistan, in dessen Bereich in der Mitte des 19. und zu Beginn des 20. Jahrhunderts überaus interessante Funde gemacht wurden, die auf die Existenz einer **Induskultur** schließen lassen, die bereits lange vor der *indoarischen* bestanden hat, in einer direkten Beziehung zu ihr steht, ja in ihr aufgegangen ist. Dies berechtigt uns nämlich erst dazu, den Hinduismus »die älteste lebendige Religion der Menschheit« zu nennen.

Im Sanskrit heißt der Indus *Sindhu*, davon stammt der alte Name *Sind* für das Land, das er durchfließt; dieser Name war bereits im 7. Jh. n. Chr. im Mittelmeerraum als der von

Handelspartnern bekannt und ist heute noch der Name jener pakistanischen Provinz, die vom Indus durchflossen wird. Der griechischen Übersetzung des Namens aus der Zeit Alexanders d. Gr. *Indos* bzw. lat. *Indus* verdanken wir die deutsche Bezeichnung Indus und Indien. Auf persisch heißen der Indus, das Land, das er durchfließt, und die Menschen, die dort leben, *Hindu.* Erst die Europäer haben zwischen *Indern* und *Hindus* unterschieden und das erste Wort politisch-säkular, das zweite dagegen als religiös-kulturelle Bezeichnung verwendet. Alle eben genannten Völker werden uns in den folgenden Kapiteln wieder begegnen, wenn wir uns mit den Ursprüngen und den einzelnen Entwicklungsphasen und Details des GLAUBENS DER HINDUS beschäftigen.

Altindische Kulturen

Die Wurzeln des Hinduismus

In der *Illustrated London News* vom 20. September 1924 veröffentlichte *John Marshall* einen Bericht über Funde im unteren Industal bei *Mohenjo Daro,* die auf die Existenz einer uralten, bisher unbekannten Kultur im Industal schließen lassen. 1931 erschien dann sein vollständiger Bericht »Mohenjo-daro and the Indus Culture« I–III. Nach der Veröffentlichung neuer Grabungsergebnisse durch *Stuart Piggott* (»Prehistoric India«, 1950), die auch Funde einbezog, die bereits 1856 beim Bau der Eisenbahnlinie Karachi – Lahore bei *Harappa* am Ravi-Fluss, im Bereich des oberen Indus, gemacht, aber damals in ihrer Bedeutung nicht erkannt wurden, war klar, dass man eine um tausend Jahre ältere Kultur in Indien nachgewiesen hatte, als vorher bekannt war.

Induskultur

Die beiden voll ausgegrabenen Städte zeigen eine einheitliche Bauplanung (was auf eine Zentralverwaltung des **Harappischen Reiches** schließen lässt; die Städte besitzen ein richtiges Straßennetz mit Haupt- und Nebenstraßen, von denen wieder Gassen abzweigen, durch die Häuserblocks entstehen. Die Häuser sind aus gebrannten Lehmziegeln gebaut.

Auf burgartigen Erhöhungen gibt es in beiden Städten je ein zitadellenartiges Bauwerk, das wahrscheinlich als Tempel mit Nebengebäuden anzusehen ist und aus sehr dicken – an die Megalithkultur erinnernden – Felsmauern besteht. Symmetrisch angelegte Treppen führen zu einem Doppeltor. Bedeutsam sind außerdem die vielen aufgefundenen Statuetten und Siegel aus Speckstein, Kalkstein und Alabaster mit Tierdarstellungen – z. B. auch mit dem später in Indien nachweisbaren Einhorn – sowie insgesamt elf Figuren bärtiger Männer in mantelartigen Gewändern, welche mit einem auffälligen Kleeblattmuster verziert sind; möglicherweise handelt es sich um Abbildungen der Priesterkönige dieser **Indus- oder Harappakultur**.

Leider haben wir keine Texte, die uns Aufschluss über die Religion dieser Frühzeit Indiens geben könnten. Dabei gibt es sogar schriftliche Zeugnisse – nämlich Schriftzeichen auf mehr als zweitausend ausgegrabenen Siegeln –, doch ist es bis heute nicht gelungen, diese Schrift zu entziffern, so dass man, gerade was die Religion anlangt, weitgehend auf Mutmaßungen angewiesen bleibt. Es gibt allerdings doch ein wichtiges Indiz, das den Zusammenhang der Induskultur mit den Hindu-Religionen plausibel macht, und das ist die typische Sitzhaltung des Hindu-Yogi, die in keiner anderen Kultur aus dieser Zeit nachzuweisen ist – außer auf Abbildungen, die eindeutig zur Induskultur gehören.

Mohenjo Daro und Harappa waren vielleicht zwei Zentren einer erstaunlich weit ausgedehnten Kultur, denn es gibt mehr als 20 vergleichbare Fundstellen z. B. im Südwesten (Sutkagon) am Meer oder 1.500 km entfernt in der Nähe des oberen Ganges (Alamgirpur) im Jumna-Becken. Es ist ein Gebiet von etwa 1,3 Millionen qkm, das in Nordwestindien in der Zeit zwischen 2550 und 1750 v. Chr. zur Harappakultur gehörte.

Noch viel größer dürfte aber das Gebiet gewesen sein, auf dem sich bereits zwei oder drei Jahrtausende vorher eine **Vorharappische Kultur** ausgebildet hatte. Darüber wurde man sich klar, als im Quettatal in Ostbelutschistan – also an den südöstlichen Ausläufern des iranischen Hochlandes, westlich des Indus – Überreste megalithischer Bauten gefunden wurden – eine Art von Zikkurats (= Stufentürme) und Überreste von mehr als hundert Gebäuden und – nachdem man zu den Fundamenten dieser Gebäude vorgedrungen war – großformatige kreisförmige Steinformationen (Zeremonienplätze?) und Steinstraßen, die erkennen lassen, dass es dort schon lange *vor* Mohenjo Daro und Harappa eine hochentwickelte Kultur gab.

Diese Funde in Belutschistan lassen zwar noch viele Fragen offen, zeigen aber doch deutlich, dass es sich auch hier schon um eine Stadtkultur gehandelt haben muss und dass es damals – was deutliche Übereinstimmungen gewisser Details an Geräten und anderen Fundobjekten über Tausende Kilometer hinweg mit vergleichbaren in Mesopotamien nahe legen! – Kontakte zu den großen Stadtkulturen im Vorderen Orient gab. Wahrscheinlich handelte es sich um eine Agrarkultur bzw. um eine Fruchtbarkeitsreligion, was viele aufgefundene Figuren schwangerer Göttinnen nahe legen. Wie alle ältesten

Städte wurden auch die vorharappischen »im Umkreis von Heiligtümern erbaut, bzw. in der Nähe eines ›Weltmittelpunktes‹, an dem man die Kommunikation zwischen Erde, Himmel und Unterwelt für möglich hielt«. (M. Eliade)

Die reichen Funde und die Vergleiche, die man anstellte, ließen darüber hinaus den Schluss zu, dass der Übergang von der vor-harappischen zur harappischen Kultur fließend gewesen sein dürfte, während die harappische Kultur plötzlich abbrach. In der jüngsten Schicht sowohl in Mohenjo Daro wie in Harappa fand man nämlich viele Skelette von Männern, Frauen und Kindern, die offensichtlich eines gewaltsamen Todes gestorben waren und nicht – wie in älteren Schichten – (rituell) begraben wurden. Man fand bei diesen Skeletten Kupferstreitäxte mit einem in der harappischen und vorharappischen Kultur unbekannten Schaftansatz, der auf indoarische Formen verweist, so dass man daraus schließt, dass sie Opfer der im 18. Jh. erfolgenden ***arischen Invasion*** in Indien geworden sein könnten. Dies sind aber nur Rückschlüsse aufgrund einiger weniger außergewöhnlicher Funde, die unter Umständen auch anders gedeutet werden können.

Leider wissen wir sehr wenig Konkretes vom Leben dieses Indusvolkes, das den Indern ihren Namen gegeben hat. Aus den zahlreichen Funden lässt sich ohne entschlüsselte schriftliche Zeugnisse nur mit einiger Wahrscheinlichkeit schließen, dass die *Induskultur* neben der *Nilkultur* in Ägypten und der *Euphrat-/Tigriskultur* Mesopotamiens als die dritte Wiege der Hochkulturen der Menschheit betrachtet werden kann und den **Anfang der indischen Kultur und auch des Hinduismus** darstellt.

Aus anthropologischer Perspektive scheinen fünf der sechs ethnischen Gruppen, aus denen die heutige Bevölkerung des indischen Subkontinents zusammengesetzt ist, schon im 3. Jahrtausend fest etabliert gewesen zu sein: »Die frühesten waren die *Negritos*, gefolgt von den *Proto-Australoiden*, den *Drawiden* oder *Mittelmeermenschen*, den *Mongoloiden* am Nord- und Nordostrand Indiens und den vor allem im Westen Indiens nachgewiesenen *Brachycephalen*. Ihre allmählich sich entwickelnden Siedlungen waren am Ende des 4. Jahrtausends weit über Sind, Belutschistan und Radschastan verstreut, und es begann schon eine Art von städtischem Leben … Die

Indus-Kultur verschwand zwar ohne deutlich sichtbare Spuren, sie ist aber fast sicher mit dem Aufstieg der sechsten großen Volksgruppe Indiens verbunden, die wegen ihrer indoeuropäischen Sprachen gewöhnlich als die *arische* bekannt ist.« (G. Barraclough)

Die Arier erobern Indien

Das Auftauchen der **Indoeuropäer** (die man früher auch **Indogermanen** nannte) in der Geschichte ist von einer beispiellosen Expansionsdynamik in sprachlicher, kultureller, politischer und religiöser Hinsicht getragen – und sie ist von schweren Verwüstungen begleitet: Die Zerstörung von Troja um 2300 v. Chr. geht wohl ebenso auf ihr Konto wie die Vernichtung verschiedener befestigter Orte in Griechenland, in der Ägäis und in Mesopotamien, oder die Zerstörung von etwa 300 Städten und Siedlungen zwischen 2300 und 1900 v. Chr. in Anatolien. Etwa zweihundert Jahre später finden sich solche Gewalt-Spuren der Indoeuropäer – die in den schriftlichen Aufzeichnungen unter sehr verschiedenen Namen auftreten (z. B. als Hethiter, Luwier oder Mitanni) – auch in Belutschistan, im Bereich der südöstlichen Ausläufer des iranischen Hochlandes und im östlich anschließenden Indusgebiet, dessen nördlicher Teil (der heutige Pandschab) *sapta sindhavah* (= Sieben Flüsse) genannt wird.

Hier werden sie **Arier** (*āriya* = die Edlen) genannt, und etwa um 800 v. Chr. wird fast das gesamte riesige Vorderindien bereits von ihnen dominiert – darin wurzelt der in der Zeit des Nationalsozialismus geprägte Ausdruck *arisieren*. »Dieser charakteristische Vorgang – Wanderung, Eroberung neuer Gebiete, Unterwerfung der Bewohner, gefolgt von deren Assimilation – kam erst im 19. Jahrhundert unserer Zeitrechnung zum Stillstand. Diese weitgreifende sprachliche und kulturelle Expansion hat in der Geschichte nicht ihresgleichen.« (M. Eliade)

Die ursprüngliche Heimat der Indoeuropäer liegt wahrscheinlich nördlich des Schwarzen Meeres zwischen den Karpaten und dem Kaukasus, wo sogenannte *Protoindoeuropäer* bereits im 5. Jahrtausend als Träger der *Tumuli (Kurgan)-Kultur* nachgewiesen sind. Das bedeutet, dass die Ursprünge der indoeuropäischen Kultur bis in die Mittelsteinzeit zurückreichen und dass ihre Kultur von der Ausbildung der alten Hochkulturen im Vorderen Orient stark beeinflusst wurde. Sie betrieben Ackerbau, Rinder-, Schweine- und Schafzucht und kannten und domestizierten auch bereits Pferde. Sie entwickelten zwar auch eine Weidewirtschaftsform, doch ihr Hirtennomadentum war die Wurzel der gewaltigen Expansionsdynamik.

Diese richtete sich aber nicht nur nach Süden (Vorderer Orient) und Südosten (Iran, Zentralasien, Indien), sondern auch nach Südwesten (Balkan, Italien, Griechenland) und Westen (Zentral-, Nord- und Westeuropa) und erfasste schließlich den gesamten europäischen Kontinent.

Die Indoeuropäer sind Nachfahren der steinzeitlichen Jägerkultur, sind patriarchalisch – in Form von Männerbünden – organisiert und bilden einen deutlichen und bewussten Kontrast zur Sesshaftigkeit der bäuerlichen Kultur, in die sie eindringen, der sie sich schnell assimilieren und die sie dominieren. Damit setzten sie die große Tradition der paläolithischen Jäger nicht nur im Mesolithikum fort, sondern hielten diese kriegerischen Strukturen in geradezu anachronistischer und trotzdem höchst wirksamer Weise aufrecht.

Der Religionswissenschaftler Mircea Eliade vergleicht diese Mentalität mit der eines Wolfrudels: »Die Mitglieder der indoeuropäischen Männerbünde und die Nomadenreiter Mittelasiens verhielten sich hinsichtlich der von ihnen angegriffenen sesshaften Völker wie Raubtiere, die die Pflanzenfresser der Steppe oder das Vieh der Bauern jagen, töten und fressen; viele indoeuropäische Stämme trugen Raubtiernamen und hielten sich für Abkömmlinge eines mythischen Tierahnen. Zu den militärischen Initiationen der Indoeuropäer gehörte auch eine rituelle Transformation in einen Wolf.«

Die Indoeuropäer hielten also diese Jägermentalität nicht nur über eine sehr lange Zeit hin unverändert aufrecht, sondern sie kommunizierten auch mit den Kulturen in den eroberten Gebieten – besonders deutlich in Indien! – in Form einer sehr kreativen und wirkungsvollen Symbiose bis hin zur Synthese.

Bevor sich die aus der Geschichte bekannten indoeuropäischen Sprachgruppen (z. B. griechische, germanische, keltische und slawische Idiome) herausbildeten, gab es offensichtlich bereits eine gemeinsame proto-indoeuropäische Sprache, Kultur und Religion, die man jedoch nur durch eine mühsame Analyse der späteren Mischformen mit ansässigen, einheimischen Kulturen herausfiltern und darstellen kann. Das Ergebnis bleibt deshalb auch eher synthetisch – nicht so die Religion der *Brahmanen* in der sogenannten vedischen Zeit, wovon gleich die Rede sein wird.

Ein paar Beispiele: Die indoeuropäische Wurzel *deiwos* (= Himmel), findet sich z. B. in allen Wörtern, die *Gott* oder *göttlich* bedeuten: lat. *deus* und *divus* aus altlat. *deivos*, iranisch *dio* aus altiranisch *dia,* altindisch *deva-h*, avestisch *daeva*, *keltisch* duro, litauisch *dievas*, lettisch *dievs*, italisch *deivai*, altgermanisch *tivar* usw. Das weist deutlich auf eine gemeinsame indoeuropäische Himmelsgott-Vorstellung und begründet ihre Herrschaftsvorstellung und Schöpferkraft. Der Himmelsgott ist der *Vater* schlechthin und seine Bezeichnung in den verschiedenen indoeuropäischen Sprachen macht die Verwandtschaft auch dem Laien klar: altindisch *dyauspitar* = griech. *Zeus-patér*, illyrisch *Daipatures*, lat. *Jupiter*, umbrisch *Jupater*, phrygisch-thrakisch *Zeus-Pappos*, skythisch *Zeus-Papaios*.

Die Indoeuropäer entwickelten wohl auch eine eigene Mythologie und Theologie, brachten Opfer dar, verwendeten sakrale Worte und Lieder, Tanz und Dramatik mit magisch-religiöser- Bedeutung in ihren Ritualen und Weihungen. Typisch ist aber das Fehlen ausgesprochener Heiligtümer (z. B. Tempel) und die mündliche Weitergabe der religiösen Traditionen. Erstaunlich spät erst gibt es schriftliche Sammlungen!

Doch obwohl es durch die großen zeitlichen und räumlichen Entfernungen der wandernden Indoeuropäer viele bodenständige Überlagerungen gab, die das zugrunde liegende indoeuropäische Kulturgut aufs erste verdecken, stimmen die mythologischen Elemente z. B. bei so verschiedenen (und zeitlich weit auseinander liegenden) Zeugnissen wie dem *Rigveda* im brahmanischen Indien, den bei Titus Livius gesammelten Überlieferungen oder der in der *Edda* des Snorri Sturluson bewahrten nordischen Überlieferung in allen wichtigen Punkten überein. Dies wird aus der nachfolgenden Gegenüberstellung ersichtlich:

Indien	brāhmanas (Priester)	ksatriya (Militär)	vaisya (Bauern)
Iran	āthra-van (Priester)	rathaé-shtar (Militär)	vāstryō (Bauern)
Kelten	Druiden (Priester)	Flaith (Militär)	bo airig (Bauern)
Römer/Etrusker	Romulus (Priesterkönig)	Lukomon (General)	Tatius und die Sabiner (Bauern)
Germanen	Othin (Götterkönig)	Thor (Kämpfergott)	Freyr (Fruchtbarkeitsgott)

Dabei gibt es aber in den einzelnen Entwicklungssträngen auch beträchtliche Unterschiede: Wo die Römer geschichtlich und national denken, denken die Inder dichterisch und kosmisch, wenn bei den Römern ein empirisches, relativistisches, politisches und juridisches Denken dominiert, neigen die Inder zu einem philosophisch-reflexiven, dogmatisch-moralischen und mystischen Denken.

Die vedische Religion

Von den Ariern stammen die **Veden**, die ältesten heiligen Texte der Hindus. Sie sind in **Sanskrit** geschrieben, der heiligen Sprache der Hindus. Wie andere heilige Sprachen (z. B. Althebräisch) hat sich Sanskrit über die Jahrhunderte hinweg kaum verändert, so dass wir damit über eine relativ reine indoeuropäische Sprache verfügen, die mit der deutschen Sprache (und den meisten europäischen und einigen asiatischen Sprachen) aus den oben bereits angeführten Gründen verwandt ist.

Wir kennen Namen einzelner Dichter und Seher, die als Urheber der Veden gelten und die einzelne Hymnen erschaut haben sollen. Zugleich gelten diese Texte aber als »ewige, anfangslose, nicht einmal von den Göttern geschaffene und von den Sehern nur vermittelte Offenbarungen« (Heinrich von Stietencron). Daraus erklärt sich auch der Name: Die Einzahl (der) *Veda* bedeutet **Wissen** und wird sowohl für einzelne Schriften (Sammlungen) – z. B. den schon genannten *Rig-Veda* (= Wissen der Verse) als auch für das gesamte heilige Wissen der frühen indoarischen Zeit verwendet. Die Universität Gurugal in Haridwar am Ganges ist heute das wichtigste Studienzentrum dieser klassischen heiligen Schriften der Hindus. Dort befindet sich auch das spirituelle Zentrum *Shantikunj*, das sich auf der Linie der von *Dayanand Sarasvati* (1824–1883) begründeten *Arya Samaj* (= Gemeinschaft der Arier), einer nationalistisch geprägten sozialreformerischen Bewegung, befindet, welche die moralisch-geistige Erweckung der Hindus aus dem Geist der Veden zum Ziel hat.

Der gesamte Veda besteht aus **vier Sammlungen** *(samhita)* von Offenbarungen, Gebeten, Sprüchen und Ritualen der nach Indien eingewanderten Arier, deren Entstehung sich über mehrere Jahrhunderte hinzog und deren (kanonisierte) Gestaltung etwa um 1000 v. Chr. erfolgte. Nachher wurde nichts mehr hinzugefügt, wohl aber gibt es Nachträge, die man als solche überliefert hat. Sie enthalten das gesammelte Wissen der am vedischen Opferritual beteiligten Priester – wobei die Sammlung Rücksicht auf die wichtigsten vier Priesterfunktionen nahm und die vier Veden diesen vier Priesterklassen zuschrieb:

1. Die älteste Sammlung ist der **Rig-Veda** (= Wissen der Verse), der aus 1028 Hymnen und mehr als 10.000 Strophen besteht, die in zehn Kreisen *(Mandalas)* oder Büchern angeordnet sind und wohl weitgehend während der Okkupation der Induskultur – also zwischen 1700 und 1200 v. Chr. – entstanden sind. Vorherrschend sind Bitt- und Lobgebete an die Götter, welche der *Hotar* (= leitender Priester) verwendete, der die Götter zum Opfer einlud und die Gussopfer (Schmelzbutter ins Feuer) vollzog.

Der Rig-Veda ist von hohem literarischem Wert, weil er das älteste und zugleich am besten erhaltene dichterische Werk aus der indoeuropäischen Sprachfamilie darstellt. Den Kern bilden die sogenannten Familienbücher (II–VII), die bestimmten Sängerfamilien zugeschrieben werden. Buch IX enthält alle dem Gott *Soma* zugeschriebenen Hymnen, I und VIII haben verschiedene Inhalte, der X. Teil enthält die zeitlich jüngsten Texte. Im folgenden Text geht um die Schöpfung des Alls:

Tausend Köpfe hatte Purusha (= Urwesen), *tausend Augen, tausend Füße. Er bedeckte die Erde allerseits und überragte sie um zehn Finger.*

Brahmane beim Opfer, mit dem er die geistige Weltordnung stärkt.

Dieser Purusha ist alles, was geworden ist und was werden wird.
Der Unsterblichkeit Herr ist er und Herr über das, was durch Speise aufwächst.
So gewaltig ist seine Größe, ja größer noch ist Purusha.
Alle Wesen sind ein Viertel nur von ihm; drei Viertel sind im Himmel unsterblich.
Mit drei Vierteln stieg Purusha empor, ein Viertel von ihm entstand wieder hier.
Dann schritt er allseits aus, über alles, was nicht ist und was ist.

Aus ihm ward Viraj (= weibliches Urwesen) *geboren, aus Viraj dann wieder dieser Purusha.*
Sobald er geboren, erstreckte er sich nach Osten und nach Westen über die ganze Erde.
Als die Götter das Opfer bereiteten mit Purusha als Opfergabe, da war der Frühling sein Öl, die heilige Gabe war der Herbst, der Sommer war das Brennholz. Sie salbten das Opfer auf der Opferstreu, den Purusha, den in Urzeiten Geborenen.
Mit ihm vollzogen die Götter und alle Sadhyas (= ehemalige Götter) *und Rishis* (= Seher) *das Opfer.*
Von diesem großen vollständigen Opfer wurde das tropfende Fett gesammelt. Man machte daraus die Geschöpfe der Luft, die wilden und die zahmen Tiere.
Aus diesem großen und vollständigen Opfer entstanden die Rig- und Sama-Lieder, die Metren entstanden daraus, die Yajurveda-Sprüche.
Aus ihm entstanden die Pferde, aus ihm alle Geschöpfe mit doppelter Zahnreihe, die Rinder auch entstanden aus ihm, die Ziegen und die Schafe.
Als sie den Purusha zerstückelten, wie viele Teile machten sie aus ihm?
Was ward sein Mund, was wurden seine Arme, was seine Schenkel, seine Füße?
Der Brahmane (= Priester, oberste Kaste) *ward sein Mund, aus seinen Armen wurde der Rajanya* (= Herrscher, 2. Kaste) *gemacht, seine Schenkel wurden zum Vaishya* (= Bauer, 3. Kaste), *zum Shudra* (= Diener, 4. Kaste) *seine Füße.*
Der Mond entstand aus seinem Geist, und die Sonne ward aus seinem Auge, Indra und Agni aus seinem Mund, der Wind aus seinem Hauch. Aus seinem Nabel wurde der Luftraum, der Himmel wurde aus seinem Haupt gestaltet, die Erde aus seinen Füßen, die Weltteile aus seinem Ohr. Auf diese Weise bildeten sie die Welten. (Rigveda X, 90)

In diesem letzten Teil nähert sich der Rig-Veda sogar dem Monotheismus an – im folgenden Text geht es um die Verehrung eines unbekannten und unergründlichen Gottes, der alle Gottheiten transzendiert und nicht mit einem Namen, sondern mit dem Wort *Ka* (= Wer oder Er) angesprochen wird:

Er, der Atem gibt, der Kraft gibt, dessen Befehl all die lichten Götter verehren, dessen Schatten unsterblich ist, dessen Schatten Tod ist: Wer ist der Gott, dem wir Opfer darbringen sollen?
Der durch seine Macht einziger König der atmenden und funkelnden Welt wurde, der all dies beherrscht, Mensch und Tier; Wer ist der Gott, dem wir Opfer darbringen sollen?
Durch dessen Macht diese Schneeberge sind und das Meer, wie es heißt, mit dem fernen Fluss, von dem diese Gegenden in Wirklichkeit die beiden Arme sind: Wer ist der Gott, dem wir Opfer darbringen sollen?
Durch den der schreckliche Himmel und die Erde festgemacht wurden, er, durch den das andere aufgerichtet wurde und das Firmament; er, der die Luft am Himmel maß: Wer ist der Gott, dem wir Opfer darbringen sollen?
Er, zu dem Himmel und Erde, die durch seinen Willen fest stehen, aufschauen, zitternd in ihrem Geist; über den die aufgegangene Sonne fort scheint: Wer ist der Gott, dem wir Opfer darbringen sollen?
Als die großen Wasser anderswohin gingen, Keim haltend und Licht erzeugend, da erhob sich von ihnen der einzige Atem der Götter: Wer ist der Gott, dem wir Opfer darbringen sollen?
Er möge uns nicht Schaden zufügen, er, der der Urheber der Erde ist, oder er, der Gerechte, der den Himmel erzeugte, der auch die hellen und mächtigen Wasser erzeugte: Wer ist der Gott, dem wir Opfer darbringen sollen?
(Rig-Veda X, 121.)

Das Pantheon der vedischen Gottheiten und Mächte, die angerufen und mit Opfern gnädig gestimmt werden, ist zahlreich, aber es besitzt keine eindeutig hierarchische Struktur. Und der Rigveda, dem wir hauptsächlich ihre Kenntnis verdanken, gehört nicht zu den ältesten Teilen der vedischen Literatur.

Varuna herrscht im Rigveda – zusammen mit seinem Bruder ***Mitra*** (dies ist ein sehr früher Beweis des für das indische Denken so wichtige Zusammenfallen der Gegensätze!) – über die Welt, die Götter (devas) und die Menschen:

Er »hat die Erde auseinander geschlagen wie ein Fleischer die Haut, damit sie für die Sonne ein Teppich sei«.

Er besitzt als Weltherrscher auch bestimmte Attribute der alten Himmelsgötter und ist Garant der das Leben sichernden Ordnung; die in einzelnen Stellen des Veda als das höchste Weltprinzip erscheint, welches über allen Göttern steht.

Varuna ist Herrscher über das *Rita* (= ewige Weltordnung, welche sich in Natur, Sitte und Ritus als Wahrheit offenbart) und Bewahrer dieser Ordnung und hütet sie gemeinsam mit seinem Bruder; und es entgeht ihnen Tag und Nacht keine einzige Untat, denn sie sind allwissend und schauen in das Herz der Menschen, kennen auch ihre verborgenen Gedanken und führen die Übeltäter ihrer Strafe zu.

Als wunderbar Schaffender nimmt Varuna in der Rigveda bereits die Stelle des in vielen anderen Überlieferungen bezeugten indoeuropäischen Himmelsgottes Dyaus ein und verfügt auch über die Binde- und Lösekräfte (*māyā*); es liegt daher an ihm, wenn in der Nacht der Mond über den Himmel wandert, dass es die Gezeiten gibt und dass das Meer nicht über die Ufer tritt, obwohl so viele große Flüsse ihr Wasser ständig einfließen lassen.

Mitra ist der Gott der Verträge, die Sonne ist sein Auge (d. h. er wacht bei Tag) und er schafft den Menschen und ihren Tierherden befriedete Räume.

Indra, ein divinisierter Heroe, der Anführer der »jungen Götter« *(devas)*, überschattet bereits den Kult der großen *Asura*-(= Erhabene) Götter Varuna und Mitra. An ihn wenden sich nicht weniger als 250 Hymnen des Rig-Veda. Indra ist mit seiner *Vajra* (= Wurfkeule, Blitz) Herr und Krieger zugleich, ewig jugendlich, die personifizierte kosmische Energie als *sahasramuska* (= mit tausend Hoden), der Festungen zerstört und seinen Freunden reiche Beute schafft. Unermüdlich trinkt er *Soma* (= Göttertrank) und kämpft gegen den Drachen *Vrtra,* der die Gewässer in den Schluchten der Berge zurückhält; er befreit die Gewässer und ist damit der Lebensspender für die Menschen.

Agni ist der Sohn des Dyaus und repräsentiert die Heiligkeit des Feuers, das als Blitz im Himmel geboren wird und in die Erde fährt und den Menschen Wärme bringt. Er ist im Holz, in den Pflanzen, im Wasser gegenwärtig und wird oft auch mit der Sonne gleichgesetzt. Er ist ewig jung, denn er wird in jedem Feuer neu geboren. Als Mittler zwischen

Himmel und Erde ist er das Urbild der Priester, der große Opferer und Vorsteher *(purohita)* der Riten, durch den die Opfergaben vor die Götter gelangen. Er ist der *Herr des Hauses*, der den Dämonen, der Finsternis, den Krankheiten und der Zauberei überlegen ist. Deshalb sind auch die Beziehungen zu ihm besonders eng, wie das folgende Gebet erkennen lässt: *»Führe uns, Agni, auf dem guten Weg zu Reichtum. Halte fern von uns die Verfehlung, die uns irreleitet, verschone uns vor Krankheiten. Beschütze uns immer, Agni, mit deinen unermüdlichen Wächtern. Überlasse uns nicht dem Bösen, dem Zerstörer, dem Lügner oder dem Unglück.«* (Rigveda I,187).

Soma ist noch stärker als Agni mit dem Feuer verbunden. Insgesamt 120 Hymnen sind ihm gewidmet und zur Gänze das IX. Buch. Er ist eins mit der Pflanze, aus welcher der Opfertrank gemacht wird – man weiß nicht mehr, um welche es sich gehandelt hat! –, und ist die Kraft in diesem beliebtesten Opfer: *»Wir haben den Soma getrunken und sind unsterblich geworden; zum Lichte gelangt, haben wir die Götter gefunden«*, heißt es im VIII. Buch des Rigveda. Als Trank der Götter und Priester verbindet dieser berauschende Trank Himmel und Erde, befreit und weitet das Bewusstsein und ermöglicht ekstatische Erfahrungen. Da Priester und Götter ihn gemeinsam trinken, bringt er Erde und Himmel einander näher.

Vishnu wird eine den Menschen gutgesinnte Gottheit genannt, die den Opfernden in den Himmel erhebt. Er gilt als Freund und Verbündeter Indras, dem er in seinem Kampf gegen Vrtra beisteht. Er hat den Weltenraum mit drei Schritten durchmessen und mit dem dritten die Götterwohnung erreicht. In manchen Riten spielen diese drei Schritte eine große Rolle, weil Vishnu mit dem Opfer identifiziert wird und auch der Opfernde mit drei Schritten den Himmel erreicht. Trotzdem ist er im Rigveda noch blass und hat erst in den sog. »Upanishaden« (ab 4. Jh.) seine große Zeit.

Rudra-Shiva ist eine Epiphanie dämonischer oder doch ambivalenter Mächte, Deshalb wird er Herr der wilden Tiere genannt, er hat dämonische Kraft und symbolisiert das Chaotische, Unvorhersehbare des Lebens. Aber seine Kräfte können auch guten Zwecken dienen. So gilt er als Arzt der

Ärzte. Seine Farbe ist dunkelbraun, sein Bauch schwarz, sein Rücken rot, er trägt sein Haar zu Zöpfen geflochten. Seine Waffen sind Pfeil und Bogen, er ist mit Tierfellen bekleidet und lebt in den Bergen. Er ist der wandelnde Gegensatz und beschützt jene, die außerhalb der arischen Gesellschaft leben. Er ist vom Somaopfer ausgeschlossen. Im klassischen Hinduismus erlebt er eine enorme Aufwertung und ist in der *Shvetāshvatara-Upanishad* der höchste Gott. Wie sich dieser Umschwung vollzogen hat, ist nicht belegt, doch ist anzunehmen, dass die Vorstellungen viele nicht-arische Elemente enthalten.

Die kurz charakterisierten und etwa zwei Dutzend weitere im Rigveda genannte Hauptgottheiten wurden in einem um 500 v. Chr. von *Yaska* verfassten Hindu-Kommentar zum Rigveda drei Gruppen zugeordnet:
Götter der Erde: Agni, Soma, Yama und Brihaspati.
Götter der Luft: Indra, Vayu, die Maruts und Rudra.
Götter des hellen Himmels: Savitar, Surya, Ashas, Pushan, Vishnu, Additi und ihre Söhne Varuna und Mitra.
Dies lässt erkennen, welche Veränderungen der Bedeutung der Gottheiten sich im Lauf der Jahrhunderte im Bewusstsein der gläubigen Hindus vollzogen haben.

Vedische Götter sind nicht in Tempeln oder Bildern sesshaft. Sie kommen zum Menschen, wenn er kultisch rein ist und sie zum Opfer ruft, und sind sein Gast. Die Gottheiten im vedischen Paradies waren also durchaus nicht so erhaben und unzugänglich wie »Er« – der Unergründbare –, nach dem der oben abgedruckte Hymnus fragt, sondern sie glichen eher mächtigen Menschen auf der Erde, deren Gunst man sich durch Geschenke sichern kann – eine Art religiöser Handel zwischen dem einzelnen Gott und seinen Anbetern. Das vedische Pantheon wird deutlich von männlichen Gottheiten beherrscht. Die wenigen mit Namen genannten Göttinnen agieren eher im Hintergrund wie die Göttermutter *Aditi* oder spielen eine eher untergeordnete Rolle wie die Göttin der Morgenröte *Usas* oder *Rātri*, die Göttin der Nacht.

Die Religion des Rig-Veda ist jedenfalls alles in allem viel einfacher als die der später entstandenen anderen drei Veden und weiterer von Brahman mitgeteilter und von *rishis* (= inspirierten Weisen) gehörter Schriften *(sruti)*, von denen im nächsten Kapitel die Rede sein wird. Es findet sich hier noch kein Monotheismus (= Eingottglaube), aber da und dort neben Polytheismus (= Vielgottglauben) bereits Henotheismus (= bald dieser, bald jener Gott hat die Prädikate eines allmächtigen, höchsten Weltenherrn) – eine Vorstufe des Monotheismus. Später wird dann der Glaube an ein unpersönliches Weltgesetz über allen Göttern und die Vorstellung, dass ein Hochgott dieses Gesetz handhabt, den Glauben der Hindu bestimmen.

2. Der **Sama-Veda** (= Wissen der Gesänge) ergänzt den Rig-Veda insofern, als er viele der Verse – verbunden mit einer musikalischen Notenschrift und in vier Gruppen eingeteilt – wiederholt und damit für den praktischen Gebrauch beim Vollzug der Riten verwendbar macht. Dieses Buch diente dem *Udgātar* (= Sänger) und wurde auch für die Ausbildung der Vorsänger beim Opfer verwendet.

3. Der **Yajur-Veda** (= Wissen der Opfersprüche) ist eine Sammlung vielfältiger Spruchtexte, die der *Adhvaryu* braucht, wenn er den Opferaltar baut, die Opferfeuer und -geräte überwacht, vorbereitet und die Tieropfer durchführt. Die Texte wenden sich nicht nur an die Götter, sondern behandeln z. B. auch kultische Gegenstände, die beim Opfer Verwendung finden; andere geben an, was durch bestimmte Riten erreicht werden soll; wieder andere sind in der Art von »Litaneien« formuliert, so dass bestimmte Anrufungen mit einer gleich bleibenden Bitte unterstützt werden.

4. Der **Atharva-Veda** (= Wissen des Feuerpriesters) schließlich ist die jüngste Sammlung und wendet sich an den *Agnidh* (= Feuerschürer), der den Verlauf des Opfers überwacht und auftretende Fehler oder ein böses Omen durch seine Kunst unschädlich machen kann. Dieser jüngste Teil, der erst nach 500 v. Chr. kanonisiert wurde, enthält magisch-okkulte Texte und Rituale, mit deren Hilfe z. B. Teufel beschwichtigt oder Übel abgewendet werden sollen. Dies geht bis in den Alltag hinein (Schutz vor Räubern, Liebeszauber, Kindersegen, Geschäftserfolg usw.) und enthält sogar schwarzmagische Anleitungen, z. B. wie eine Frau ihre Rivalin (in der Gunst ihres

Mannes) töten oder wie ein Priester sich gegen einen Adeligen zur Wehr setzen kann, der ihn zu wenig achtet.

In diesen ältesten indischen Schriften ist zwar hie und da auch von Kämpfen gegen die *dasya*, die »schwarzhäutigen, nasenlosen Barbaren«, die Rede, die viele Herden besitzen, in befestigten Siedlungen wohnen und sich zum Phalluskult *(shishna deva)* bekennen. Darin sind die Überlebenden der Induskultur zu erkennen. Und *Indra* wird vielfach als Führer der Angriffe auf Hunderte dieser Festungen genannt und als *purandara* (= Zerstörer der Festungen) gepriesen. Die einzelnen Stämme der Arier standen den Veden zufolge unter der Führung eines militärischen Anführers, eines Rājā (sprich: *Rādschā* = König), denen *Samiti* (= Volksräte) zur Seite standen. *Bhārata* war der Name des bedeutendsten Stammes.

Solche scheinbar historisch relevanten Angaben in den Veden müssen mit großer Vorsicht behandelt werden und sind eigentlich historisch völlig unergiebig, da es sich eben um Hymnen, Dichtungen und Gebetsformeln handelt und nicht um Berichte. Erst im sogenannten *Mahābhārata*, dem indischen Nationalepos, das erst um die Zeitenwende Gestalt annahm, ist ausführlich von Stammeskämpfen zwischen den *Kuru* und ihren Verwandten, den *Pāndava*, die Rede, die in das 14. Jh. und nach Zentralindien weisen, so dass man daraus schließen kann, dass die Arier damals längst aus dem Industal in das Gangestal und weiter nach Mittelindien vorgedrungen waren. Das stimmt auch mit Angaben aus dem Sathapatha Brāhmana (ca. 1000 v. Chr.) und aus dem *Rāmayāna* überein, die zeigen, dass damals auch schon weite Gebiete in Ost- und Südindien arisiert waren.

Diese arische Landnahme ging so vor sich, dass die Arier einen *gārhapatya* (= Altar) errichteten, dem Gott Agni weihten und damit das Land rundum für ihn und damit auch fürsich in Besitz nahmen. Der dabei verwendete Ritus lässt auf eine rituelle Wiederholung der Schöpfung schließen; als würde das Land jetzt erst geordnet und erhielte seine reale Existenz.

Aus dem Sama-Veda und Yajur-Veda lassen sich solche Riten – ganz einfache **Hausriten** *(grhya)* wie die Erhaltung des Herdfeuers oder der Jahreszeiten und die rituelle Feier

Die Paria (= Unberührbaren) leben getrennt von der übrigen Dorfgemeinschaft. Hier verehren sie Schiwa unter den Symbolen Schwert und Dreizack.

der jeweiligen Lebenswenden (Empfängnis, Geburt, Jünglingsweihe, Hochzeit, Bestattung) – relativ leicht rekonstruieren. Der wichtigste Hausritus war das *Upanayama* (= Jünglingsweihe), das nicht der Vater, sondern der künftige Lehrer vollzog, er gilt von da an als der wahre Vater, weil er dem jungen Menschen zur zweiten Geburt verhalf, die als »wahre Geburt zur Unsterblichkeit« verstanden wurde. Da der vedischen Religion Heiligtümer (Tempel oder dergleichen) unbekannt waren, vollzog man die Haus-Riten entweder im Haus der Familie oder auf einem nahegelegenen Rasenstück, auf dem drei Feuerstellen bereitgestellt wurden. Als Opfergaben dienten Milch, Butter, Korn und Kuchen – aber auch Ziegen, Widder, Kühe, Stiere und Pferde.

Die **feierlichen Riten** *(shrauta)* sind »liturgische Systeme von großer Komplexität, die Tage, manche sogar Jahre dauern können«. (Eliade I, 203f) Der einfachste dieser Riten ist das *Agni-hotra* (= Feuer-Trankopfer), es findet täglich zur Morgen- und Abenddämmerung statt. Dann gibt es jahreszeitliche Zeremonien *(cāturmāsya)* und Erstlingsopfer *(āgrayana).*

Die entscheidenden vedischen Opfer aber sind die Soma-Opfer. Der *Agnissoma* (= Lobpreis Agnis) ist das Initiationsopfer zum Neujahr, das am 21. März beginnt und drei Tage dauert. Der Soma wird dabei dreimal täglich gepresst und bei der Mittagspressung werden die »Honorare« (Vieh) an die Brahmanen verteilt. Dazu sind alle Götter eingeladen. Bedeutsam ist auch der Siegestrunk *(vajapeya)* oder die Königsweihe (*rājāsuya*). Diesen Soma-Opfern wurden rituelle Systeme mit Tanz, dramatischen Darstellungen, Pferderennen usw. angefügt, die mehrere Tage, ja bis zu einem Jahr und mehr dauern konnten.

Das bedeutendste vedische Ritual, das auch indoeuropäisch bezeugt ist (Germanen, Iranier, Griechen, Lateiner, Armenier, Massageten und Dalmatier), war das Pferdeopfer *(ashvamedha),* das nur von einem siegreichen König vollzogen werden durfte, der damit die Würde eines Weltenherrschers erlangte, was sich positiv auf sein ganzes Reich auswirkte. Die einleitenden Feierlichkeiten erstreckten sich über ein ganzes Jahr, das eigentliche Opfer dauerte dagegen nur drei Tage, und der ausgewählte Opfer-Hengst verkörperte dabei den mythischen Ur-Gott *Prajāpati* (= Herr der Geschöpfe), der dem vedischen Mythos zufolge bereit war, sich selbst zu opfern. Dadurch bekam dieses Opfer kosmische Bedeutung. Nach einer rituellen Vereinigung der Königín mit dem Opfertier wurde der Kadaver des Pferdes und anderer Opfertiere zerstückelt und von den Feiernden gegessen.

Hier wird der zweite Typus der vier Kosmogonien (= Weltentstehungsmythen) der Veden deutlich:

1. Schöpfung durch Befruchtung der Urgewässer.
2. Schöpfung durch Zerstückelung eines Urwesens.
3. Schöpfung aus einer All-Einheit, die Sein und Nichtsein umfasste.
4. Schöpfung durch Trennung von Himmel und Erde.

Als Beispiel für den dritten Typus noch ein Zitat aus dem berühmten Schöpfungshymnus des Rig-Veda:

Damals war nicht das Nichtsein noch das Sein. Kein Luftraum war, kein Himmel drüber her.
Wer hielt in Hut die Welt, wer schloss sie ein? Wo war der tiefe Abgrund, wo das Meer?
Nicht Tod war damals noch Unsterblichkeit, nicht war die Nacht, der Tag nicht offenbar.
Es hauchte windlos die Ursprünglichkeit das Eine, außer dem kein andres war.
Von Dunkel war die ganze Welt bedeckt, ein Ozean ohne Licht, in Nacht verloren;
Da ward, was in der Schale war, versteckt, das Eine durch der Glutpein Kraft geboren.
Aus diesem ging hervor, zuerst entstanden, als der Erkenntnis Samenkeim, die Liebe;
Des Daseins Wurzelung im Nichtsein fanden die Weisen, forschend, in des Herzens Triebe.
Als quer hindurch sie ihre Messschnur legten, was war da unterhalb? Was war da oben?
Keimträger waren, Kräfte, die sich regten, Selbstsetzung drunten, Angespanntheit droben.
Doch wem ist auszuforschen es gelungen?, wer hat, woher die Schöpfung stammt, vernommen?
Die Götter sind diesseits von ihr entsprungen! Wer sagt es also, wo sie hergekommen?
Er, der die Schöpfung selbst hervorgebracht, der auf sie schaut im höchsten Himmelslicht,
der sie gemacht hat oder nicht gemacht, der weiß es! – oder weiß auch er es nicht?

Der Brahmanismus oder Ältere Hinduismus

Wie lange der Rig-Veda und die von ihm abhängigen oder ihn ergänzenden anderen drei Veden im Glauben der Arier dominierten und sowohl ihre Gottesvorstellungen als ihren Kult und ihren spirituellen Lebensrhythmus bestimmten, ist nicht genau festzustellen. Jedenfalls wurde der Ritualismus immer stärker, und die Priesterkaste gab in der frühen indischen Theokratie eindeutig und zunehmend den Ton an.

Die Schriften des Brahmanismus

Brāhmanas

Diese Entwicklung wurde deutlich sichtbar, als ab 1000 v. Chr. ausführliche Kommentare zu den Veden entstanden, die ***Brāhmanas*** genannt wurden. Man kann zwei Typen unterscheiden, die *vorschreibenden* und die *erklärenden*. Durch die ersteren war nichts mehr der Improvisation, der Phantasie oder der spontanen Eingebung überlassen, sondern alles wurde festgelegt: »Ob eine Handlung rechts oder links ausgeführt werden soll, ob ein Krug an dieser oder jener Stelle stehen soll, ob man einen Grashalm in nördlicher oder nordwestlicher Richtung hinlegen solle oder der Priester vor oder hinter dem Feuer zu stehen habe, in wie viele Stücke der Opferkuchen zu zerteilen sei – all dies und noch mehr wird bis ins einzelne behandelt.« (John A. Hardon)

Die erklärenden Kommentare erläutern ausführlich einzelne Wörter oder Sätze in den Veden – vor allem wird das in den Kommentaren zu Rig-Veda-Texten deutlich. Als Beispiel diene die Behandlung des Namens »Prajāpati« im Zusammenhang mit dem »Pferdeopfer«.

Nach den Darstellung der Brāhmanas ist die Gestalt des *Prajāpati* eine Schöpfung gelehrter (kosmogonischer) Spekulation und greift die archaischen Purusha-Vorstellungen vom Selbstopfer des Urmenschen auf, das erst die Schöpfung möglich machte. Auf diese Weise ist der Herr der Schöpfung (*Prajāpati*) ident mit dem Urmenschen (*Purusha*).

Auch seine Entwicklung aus dem geistigen, nicht manifesten All-Einen, das den Urgrund von allem bildet und als innerster Kern alles Existierenden in allem verborgen ist und als das *Brahman* (= heilige Macht) bezeichnet wird, dient zu Vermehrung und Vielheit, und seine asketischen Aktionen, die zur Entwicklung höchster Erhitzung und damit zur Schöpfung führten, sind brahmanische Interpretationen, die als Basis für spätere Spekulationen bis hin zur hinduistischen System-Philosophie gesehen werden können.

Prajāpati ist auch ein mythologischer Name für das Jahr (also die Jahreszeiten, das Werden und Vergehen in der Natur), und seine tödliche Erschöpfung nach den vielfältigen Schöpfungsakten dient zur Veranschaulichung der natürlichen Notwendigkeit der Regeneration:

> *Nachdem Prajāpati die Lebewesen aus sich entlassen hatte, waren seine Gelenke ausgerenkt. Prajāpati aber ist zweifellos das Jahr, und seine Gelenke sind die beiden Nahtstellen zwischen Tag und Nacht* (gemeint sind Morgenröte und Dämmerung), *sind Voll- und Neumond und der Beginn der Jahreszeiten. Er vermochte nicht, sich mit seinen ermatteten Gelenken zu erheben; die Götter heilten ihn durch das Agnihotra* (= Ritual des feierlichen Trankopfers für das Feuer), *indem sie seine Gelenke wieder kräftigten.* (Shatapatha-Brāhmana I,6,3.35–36)

Diese Einrichtung der Gelenke durch die Götter korrespondiert der Errichtung des Opferaltars zum Trankopfer für das Feuer aus 360 Umfassungssteinen (für die Tage) und 360 Ziegelsteinen (für die Nächte), aus denen das indische Jahr (= Prajāpati) besteht. Wenn die Priester den Altar mit insgesamt 720 Steinen aufschichten, stellen sie – im Auftrag der Götter – den verrenkten Prajāpati (= das Jahr) wieder her und lassen das neue Jahr damit fruchtbar und lebendig werden.

Dieses Beispiel lässt tiefe Einblicke zu: auf die Glaubens- und Denkweise des älteren Hinduismus, auf die stark mythisch-mystisch-dichterische Denkweise der indischen Menschen und nicht zuletzt auf den Hochmut der Brahmanen, die von der entscheidenden Bedeutung ihrer Riten für das Funktionieren der Schöpfung überzeugt waren. In der schon mehrmals zitierten Shatapatha-Brāhmana steht der Beleg für diese Hybris: »*Die Sonne würde nicht aufgehen, brächte nicht der Priester beim Anbruch der Morgenröte das Feueropfer dar.*«

Ein Brahmane in voller Adjustierung; alles hängt von der genauen Einhaltung der rituellen Vorschriften ab.

So kann man feststellen, dass »in den Brāhmanas die vedischen Götter ignoriert bzw. den magischen und schöpferischen Kräften des Opfers untergeordnet werden. Sie verkünden auch, dass die Götter zunächst sterblich gewesen und erst durch das Opfer göttlich und unsterblich geworden sind. Fortan hat alles in der geheimnisvollen Kraft des Ritus seinen Mittelpunkt: Ursprung und Wesenheit der Götter, sakrale Macht, Wissenschaft, Wohlergehen in dieser Welt und ›Nicht-Tod‹ im Jenseits. Das Opfer muss nur korrekt und gläubig dargebracht werden.« (M. Eliade)

Es gibt acht Brāhmanas, die jeweils den vier Veden zugeordnet sind – drei davon dem Sama-Veda. Durch die stark gewachsene Bedeutung des Brahmanen, der sich schließlich über die Götter erhob, weil er allein über die Geheimnisse des Opfers verfügte und den Willen der Götter zu lenken vermochte, hatten auch diese Brahmanas den Rang von Offenbarungen (Mitteilungen des Gottes Brahmā), die von sogenannten **Rishis** (= weisen Männern) gehört (d. h. in erhobenem Zustand = Trance innerlich aufgenommen) und kundgegeben wurden. Diese mediale Entstehung kommt in der Bezeichnung **Shruti** (= Gehörtes) zum Ausdruck, der neben den Brahmanas auch die ***Aranyakas*** (= Texte des Waldes) und die ***Upanishaden*** (= Geheimlehren) umfasst.

Die Brāhmanas enthalten aber nicht nur Kommentare zu den Veden, sondern auch *neue kosmogonische Erzählungen* über den Ursprung der Welt oder *Erzählungen* über Götter und Göttinnen, um ihre Interpretationen zu festigen. In der *Shatapatha-Brāhmana* (I,8,1–6) findet sich z. B. die berühmte **Geschichte von der großen Flut**: *Manu*, der Vater der Menschheit, wird eines Morgens von einem Fisch gewarnt, dass eine weltweite Flut kommen werde, er solle ein großes Schiff bauen und ihn so lange aufziehen, bis er groß wie ein Wal geworden wäre. Im Jahr darauf war das Schiff fertig, der Fisch groß wie ein Wal geworden – und die Flut kam. Manu bestieg das Schiff, befestigte das Tau des Schiffes am Horn des Fisches und wurde von ihm zum nördlichen Gebirge gezogen, wo er als Einziger die Flut überlebte. Nach einem dargebrachten Opfer zeugte er eine Tochter, mit der er in der Folge das gesamte gegenwärtige Menschengeschlecht hervorbrachte.

In ihren Aussagen über **Atman** (= Person) wenden die Brahmanas ihre übersteigerte Opfer-Ideologie auch im Sinne einer philosophischen Anthropologie bzw. Metaphysik der menschlichen Person an: Das kontinuierlich vollzogene Opfer gewährleistet nicht nur den Fortbestand der Welt und der Natur und damit das Wohlergehen der Menschheit, es vermag auch ein geistiges und unzerstörbares Wesen zu schaffen, nämlich den »Atman«. Damit wird das Opfer – verstanden als Gesamtheit aller rituellen Handlungen (= positives *Karma*), an denen die Mitopfernden Anteil haben – zur **Erlösung** (= *Moksha)* des Opfernden. Er wird als Person mit seinem Opfer jedes Mal in den Himmel erhoben, wo er wiedergeboren wird und Unsterblichkeit erlangt. Dies bedeutet, dass er nach seinem irdischen Tod endgültig zum Leben in der Form des Nicht-Todes, das die Zeit überdauert, in den Himmel zurückkehrt.

Damit ist ein frühes Fundament für die in den Upanishaden dominante Suche nach der Erlösung aus dem *Samsāra* (= Eingebundensein in die Notwendigkeit, immer wieder in Körper zurückkehren zu müssen) durch die Auswirkung des guten Opfer-Karmas geschaffen. Und da die Götter durch die Opfer ebenfalls positive Entwicklungsimpulse erhalten – nämlich durch das *brahman*, das als das unvergängliche Prinzip allen Lebens gedacht wird – und auf diese Weise unsterblich werden, wird schon in dieser frühen Zeit ***atman*** und *brahman* identifiziert, was ausdrücklich und konsequent erst in der *Vedanta* (= Ende der Veden; siehe »Upanishaden«) erfolgt.

Aranyakas

Zwischen den Brahmanas und den ab 800 v. Chr. entstehenden Upanishaden gibt es fließende Übergänge, die jedoch da und dort so eigenständig werden, dass man darin eine selbstständige Gruppe vedischer Literatur sieht, die wegen ihrer esoterischen Ausrichtung **Aranyakas** (= Schriften des Waldes) genannt werden. Sie sind teilweise wahrscheinlich Nachträge zu den Brāhmanas, die damals bereits kanonisiert waren, lassen sich vom Inhalt her manchmal auch nur schwer von Brāhmanas unterscheiden, sind andrerseits aber vielfach bereits derart philosophisch gehalten, dass sie sich auch von den etwa gleichzeitig entstehenden Upanishaden manchmal nicht deutlich abheben.

Sie werden deswegen Waldbücher genannt, weil sie von **Rishis** empfangen und formuliert wurden, die sich als Einsiedler und Asketen *(tapas)* in die Wälder zurückgezogen hatten, um diese »spekulativen Beschreibungen und allegorischen Deutungen« (H. Küng) der Rituale wegen ihrer Gefährlichkeit für Nichteingeweihte fernab von den Dörfern zu empfangen, sich darin einzuüben und sie zu lehren.

Zwei Aranyakas knüpfen an den Rig-Veda an, eines an den Atharva-Veda. Sie gehen in ihren magisch-mystischen Inhalten deutlich über die Brāhmanas und ihr System des *Karma-kanda* (= Opfervollzug ist alles) hinaus und bereiten das in den Upanishaden entfaltete *Jnana-kanda* (Vorherrschaft der metaphysischen Erkenntnis und des denkenden Selbst) vor.

Für die Aranyakas sind die Gottheiten im Menschen verborgen und wirken direkt auf ihn ein. Dadurch kommt es zu einer Verinnerlichung des Opfers und zu einer starken Einwirkung göttlicher Kräfte auf den durch seine Meditation in sich selbst zurückgezogenen und durch seine Askese für übermenschliche Kräfte vorbereiteten Rishi. Durch Fasten, Wachen am Feuer, Sitzen in der Sonne, vor allem aber durch ausgeklügelte Atemtechniken (längeres Anhalten des Atems) gelangt der Einsiedler zur Erhitzung *(= tapa)*.

Hier wird also auch der bereits in der vor-vedischen Zeit nachgewiesene *Yoga* zur Vorbereitung auf die Darbringung der Opfer herangezogen, ja wird sogar bereits dem Opfer gleichgestellt, weil er ein inneres Opfer bedeutet:

> *Solange der Mensch spricht, kann er nicht atmen und opfert also sein Atmen dem Wort; solange er atmet, kann er nicht sprechen und opfert also sein Wort dem Atmen. Das sind die beiden kontinuierlichen und unsterblichen Opfer; im Wachen und im Schlaf bringt sie der Mensch ununterbrochen dar. Alle anderen Opfer finden ein Ende und haben Teil an der Natur des Karman* (= Akte, die Ursachen bedeuten und Wirkungen setzen). (Kausiaki-Brāhmana-Upanishad II,5).

Mehr zum Yoga vor allem bei *Patanjali*, der ihm die klassische Form gegeben hat.

Vedāngas

Die ebenfalls etwa um 800 v. Chr. entstehenden **Vedāngas** zählt man dagegen bereits zur Tradition *(smriti)*. Sie sammeln alle Hilfswissenschaften zum Verständnis und zur Weitergabe des gehörten Veda, also Grammatik, Metrik und Worterklärungen (Etymologie), aber auch astrologische Details, Mathematik und Geometrie, soweit sie für komplizierte Opfer bzw. für den Bau der Opferaltäre nötig sind. Dazu kommen Handbücher für Hausriten und öffentliche Riten sowie Codices des richtigen Verhaltens in allen politischen, gesellschaftlichen und auch privaten Bereichen, da auch dies zur Aufrechterhaltung der kosmischen Ordnung wichtig war. Hier wurden auch die Pflichten der vier sozialen Schichten *(varna)* – also der Brahmanen, Kshatriyas, Vaishyas und Sūdras – festgeschrieben bzw. die Pflichten jedes Hindu in den vier Lebensstadien *(āshrama)*. Schließlich gehören dazu auch Schriften über Brauchtum und Sitte, das Zivil- und Strafrecht sowie Auflistungen von Sühne- und Bußvorschriften bei religiösen Übertretungen.

Dabei handelt es sich um bedeutende spekulativ-philosophische Texte. Die ältesten aus dem 8. Jh. v. Chr. waren sicherlich noch Nachträge zu den Brāhmanas bzw. den Aranyakas, weil sie sich wie diese als Geheimlehren verstanden. Das Eigenständige der **Upanishaden** besteht aber darin, dass sie – freilich noch in unsystematischer Form – die wesentlichen Grundgedanken der späteren hinduistischen Lehre über das Geheimnis der Erlösung des Menschen (moksa) durch die Gleichsetzung von *atman* (= der in jedem lebenden Wesen wohnende ewige Teil des Brahman) und *Brahman/Brahmā* (= die transzendente und zugleich immanente Gottheit) enthalten und gleichzeitig einen starken Akzent auf die Erkenntnis legen. Gleichzeitig erhält die vor-arische Religiosität, die neben der vedischen Religiosität herlief, nun einen größeren Stellenwert, und es entsteht eine deutliche Verschmelzung dieser beiden Ströme der älteren indischen Religionsentwicklung zu einem einzigen großen Strom, den wir ***klassischen Hinduismus*** oder ***jüngeren Brahmanismus*** nennen.

Das erklärt auch den Namen Upanishaden, der wörtlich *Sitzen vor einem Lehrer* bedeutet. Man unterscheidet die sogenannten *Älteren Upanishaden,* die im 7./6. Jh. Chr. entstanden sind (z. B. Brhadaranyaka-Up., Chāndogya-Up., Aitareya-Up., Kausitaki-Up., Taittiriya-Up.), von den *Jüngeren Upanishaden,* die im 6./5. Jh. v. Chr. entstanden sind (Kena-Up., Kāthaka-Up., Isha-Up., Shvetāshvatara-Up., Mundaka-Up., Maitrāyani-Up., Māndūkya-Up.).

Die Upanishaden bilden den bei weitem umfangreichsten Teil der vedischen Literatur (nach H. Küng »sechsmal so viel wie die gesamte Bibel«!) – wohl auch deshalb, weil bis in das 16. Jh. n. Chr. hinein weitere Texte hinzugefügt wurden, da man im Laufe der Befreiung vom Brahmanismus kein Bedürfnis nach einer restriktiven Kanonisierung mehr hatte.

Zusammen mit dem sich in dieser Zeit allmählich durchsetzenden Karma- und Wiederverkörperungs-Glauben (s. unten) bedeutete dies nicht nur den Abschluss der umfangreichen *Sruti*-Offenbarungen, sondern – wie ein anderer Name für die Upanishaden signalisiert – auch **Vedanta** (= das Ende der

Veden) und eine deutliche Abkehr zumindest der Intellektuellen und der eigenständig Gläubigen von der Religion der Brahmanen und vom Weltbild der Veden.

Der Umbruch zum Hinduismus

Diese »Krise der vedischen Religion bedeutete einen epochalen Umbruch durch neue, revolutionäre Denkansätze« (H. Küng), die sich zuerst in deutlicher Kritik am Bisherigen äußern:

Kritik an der **Dominanz der Brahmanen**, die sich immer klerikaler gebärdeten und mit ihren komplizierten Ritualen den Vollzug des Opfers zur Expertenwissenschaft gemacht hatten.

Kritik an den **überkommenen Göttervorstellungen**, die einander beträchtlich widersprachen und deren anthropomorphe Details die Glaubwürdigkeit der Lehren in Frage stellten.

Kritik **großer Glaubender** (vor allem von *Buddha* und von *Mahavira*) an der religiösen Tradition und kühne Reformen, die zum Bruch der neuen Glaubensgemeinschaften mit der brahmanischen Obrigkeit und zur Begründung zweier selbstständiger indischer Religionen führte, welche bis heute Bestand haben. (Über Buddha siehe DER GLAUBE DER BUDDHISTEN; über Mahavira siehe das Kapitel »Der Glaube der Jainas« in diesem Band.)

Kritik am **fraglosen Fürwahrhalten** der traditionellen Lehren und neue Fragestellungen, die nach der ewigen Einheit hinter der bunten Vielfalt der Erscheinungen sowohl in der Welt der Menschen wie der Götter suchten und sie im tiefsten Inneren des Menschen fanden, wo *Atman* (das persönliche Selbst) als ident mit *Brahman* (dem Urgrund allen Seins) erfasst wurde.

In den nächsten 1.500 Jahren verläuft die indische Religionsgeschichte jedenfalls in drei parallelen Entwicklungslinien, die nebeneinander hergehen: Hinduismus, Buddhismus, Jainismus. (Helmuth von Glasenapp)

In der *Chāndogya-Upanishad* (VI,13,1–3) findet sich das berühmte Gleichnis vom Salz im Wasser, das die Bedeutung dieser Identifikation von Brahman und Atman erläutert:

Der Vater sagte zu seinem Sohn: Wirf dieses Stück Salz ins Wasser und stell dich morgen früh wieder bei mir ein. Der Sohn tat, wie ihm geheißen. Da sagte der Vater zu ihm: Geh und hole mir das Salz, welches du gestern Abend ins Wasser geworfen hast. Der Sohn tastete nach ihm, konnte es aber nicht finden. – Wohlan, schlürfe etwas Wasser vom Rand, wie ist es? – Salzig. Schlürfe etwas von der Mitte. Wie ist es? – Salzig. Schlürfe vom anderen Rande. Wie ist es? – Salzig. Gieße es aus und setze dich dann zu mir. – Der Sohn tat wie ihm geheißen. Da sagte der Vater zu ihm: Obwohl also hier das Etwas vorhanden ist, lieber Sohn, vermagst du es nicht zu gewahren; und doch ist es auch hier bestimmt vorhanden. Diese Feinheit nun bildet das Ich des Alls; sie ist das Wirkliche. Das ist Atman (Seele), und das bist du, Svetaketu.

Die ursprünglichen 14 Upanishaden beziehen sich auf einen der vier Veden – nur zwei auf den Rig-Veda, sieben auf den Yajur-Veda – und werden noch zur vedischen Offenbarung *(sruti)* gerechnet. Sie sind aber bereits eine Art Übergangsliteratur und bedeuten einen neuen geistigen Aufbruch und eine Befreiung vom Diktat des brahmanischen Opferrituals, das offensichtlich durch die permanente Selbstüberschätzung und Verabsolutierung der Rolle der Priester gekippt ist.

Die vier genannten und behandelten literarischen Arten der vedisch-brahmanischen Offenbarungen (Veden, Brāhmanas, Aranyakas, Upanishaden) wurden später unter dem Oberbegriff **Shruti** (= Offenbarungstexte) zusammengefasst und deutlich von den **Smriti** (= Tradition) abgegrenzt, zu denen außer den etwa gleichzeitig mit den ältesten Upanishaden entstandenen *Vedāngas* (= Textsammlungen zur Opferwissenschaft, zum Ritual und zum Gesetz) auch zahlreiche jüngere und jüngste Upanishaden (nachweislich bis zum 16. Jh. n. Chr.) und die sie kommentierenden *Sutren* (= Leitfäden) sowie *Shastras* (= Lehrbücher), die großen Epen wie das *Mahābhārata* sowie die *Purānas* (= Altertümer; gemeint sind Schriften der hinduistischen Sekten) gerechnet werden. Diese Literatur wird im nächsten Kapitel behandelt werden.

Das einfache Volk in der vedischen und nachvedischen Zeit kümmerte sich wenig um die heiligen Schriften. Ein zahlenmäßig gewichtiger Teil durfte sich sogar gar nicht damit beschäftigen, weil dies den drei oberen Kasten vorbehalten war.

Und fast die Hälfte der mehr als eine Milliarde Menschen umfassenden heutigen Bevölkerung Indiens kann gar nicht lesen und schreiben. Sie halten sich daher an die öffentlichen und familiären Riten, leben in den vorgegebenen gesellschaftlichen und religiösen Strukturen und folgen jener Auswahl von religiösen Bräuchen, die sie als Kinder erlebten und von den Eltern und Großeltern übernommen haben.

Das Kastenwesen

Die *Brahmanen* schufen durch Verschiebung der Schwerpunkte aus dem vedischen Erbe eine gänzlich anders gestaltete Religion und bewirkten dadurch auch eine Neuordnung der sozialen Kräfte unter ihrer Herrschaft. Dies wirkte sich vor allem in der Neugestaltung des aus der vedischen Zeit überkommenen **indo-arischen Kastensystems** aus. Dieses war historisch gewachsen, als die indoarischen Einwanderer sich von der unterworfenen Urbevölkerung absetzten, um ihre arische Reinheit zu bewahren. Die entstandenen vier sozialen Klassen wurden mit dem Ausdruck *Varna* (= Farben) bezeichnet, der auf die schon beschriebene ethnische Vielfalt verweist. Diese vier sozialen Stände wurden später in zahlreiche Kasten *(jutis)* untergliedert (man unterschied im indischen Mittelalter bis zu 2.500 verschiedene Gruppierungen!), wobei der Ausdruck *Kaste* eine aus der Kolonialzeit stammende Wortprägung der Portugiesen ist. Vasco da Gama hatte 1498 den Seeweg nach Indien entdeckt, und so waren die ersten in Indien sesshaften Europäer Portugiesen. Sie bezeichneten mit dem Wort *Castas* (von lat. *castus* = rein, keusch), die kasteneigenen Reinheitsvorschriften, die sie als Fremde erlebten und als Vokabel für das indische Wort *Varna* verwendeten. Sie hatten auch ein gewisses Verständnis für das Kastenwesen, weil Standesgemäßheit ja auch in Europa eine gute Tradition hat und das gesellschaftliche Miteinander bis ins 20. Jh. hinein geprägt hat.

1. Die **Brahmanen** (die »Weißen«) erhoben schon sehr früh den Anspruch, die herrschende Klasse zu sein, da die von ihnen verwalteten Veden nicht den König, seine Familie und seine Beraten und Armeeführer als herrschenden Stand legitimierten wie sonst üblich und auch bei den meisten indoeuro-

päischen Gesellschaften anzutreffen, sondern eine theokratische Struktur besonderer Art als von den Göttern gewollt, eingesetzt und mit Kraft *(brahman)* begabt verkündeten: die Opferpriester. In diesen führenden *varna* wurde man hineingeboren und dafür ausgebildet – und nicht, wie sonst üblich, durch besondere Neigung oder Eignung berufen. Dazu gehören hieß, Inhaber des *brahman*, der magisch-rituellen Kraft zu sein, die sich vor allem im Opferritual äußerte, das als das eigentliche Machtinstrument dieser »klerikalen Elite« (H. Küng) ausgebaut wurde. Ihnen waren die höchsten Pflichten übertragen: Opfern, Studieren, Lehren, Unterstützen der Armen. Sie wurden für ihren Opferdienst nach genauen Taxen bezahlt.

2. Die **Kshatriyas** (die »Roten«) durften auch studieren, opfern und Almosen geben, aber zu ihren besonderen Pflichten gehörten der militärische Schutz der Gemeinschaft (weshalb sie auch die Pflicht zur Ausbildung im Gebrauch der Waffen hatten) und die Administration des Staates und der lokalen Kommunen.

3. Die **Vaishyas** (die »Gelben«) hatten ähnliche Privilegien wie die über ihnen Stehenden und waren nicht nur Bauern und Viehzüchter – wie in der archaischen Gesellschaft, aus der die sozialen Stände stammten –, sondern zu dieser Kaste gehörten alle, die mit der Wirtschaft verbunden waren und die Hauptlast der Ernährung des Volkes trugen, also auch die Händler, Handwerker und Arbeiter.

4. Die **Shudras** (die »Schwarzen«) waren von den Privilegien der ersten drei (z. B. Studieren der Veden) ausgeschlossen und hatten die Pflicht, den anderen drei Ständen zu dienen. Dazu gehörten also alle in Dienstleistungsberufen der verschiedensten Art Tätigen, also der größere Teil des Volkes, und zwar – wie die Farbe nahe legt – vor allem die Nachkommen der bodenständigen Bevölkerung, die bei der arischen Eroberung überlebt hatten.

5. Die **Parias** (die »Unberührbaren«) bildeten keinen eigenen Stand, auch keine Kaste im obigen Sinn des Wortes, wenngleich sie sehr zahlreich waren. Sie rekrutierten sich vor allem

aus jenen Menschen (und deren Nachkommen), die aus irgendwelchen Gründen die strengen gesellschaftlichen Regeln und Tabus, die Opfervorschriften usw. verletzt hatten und deswegen aus ihrer angestammten Kaste ausgestoßen wurden. *Mahatma Gāndhī* (= Mohandas Karamtschand, 1869–1948), der selbst aus der Kaste der Vaishyas, Unterabteilung »Getreidehandel« *(Baniya)*, stammte, hat sich ihrer besonders angenommen; er nannte sie *Haridschans* (= Leute des Gottes Hari) und hat sich entschieden für sie eingesetzt, was im modernen Indien zu einer Integration der Parias und zu einem teilweisen Durchbrechen z. B. des Heiratstabus führte. Trotzdem blieb das Kastenwesen im wesentlichen bis heute ein Bestandteil der indischen Gesellschaftsordnung

Jede dieser fünf Gruppen war sozial von den anderen völlig isoliert; es gab keine Übergangsmöglichkeit und kein Überspringen der Kastengrenzen (z. B. durch Heirat oder besondere Begabung). Dieses Prinzip wurde allerdings durch das Erstarken der Urbevölkerung oftmals durchbrochen, weil die Brahmanen bestrebt waren, ihre Herrschaft auf alle Fälle zu halten und zu stützen. Lieber gewährten sie zumindest der Oberschicht der einheimischen Bevölkerung Eingang in die zweite und dritte Kaste, als dass sie ihre Herrschaft aufs Spiel gesetzt hätten.

Jede Kaste hat eine unabhängige Organisation, ein nominelles Oberhaupt und einen Kastenrat, der auftretende Probleme behandelt. Sie hat gemeinsame Feste und gemeinsame Bräuche, besonders bei der Heirat. Strukturbedingt üben die Mitglieder einer Kaste ähnliche Berufe aus, was ein gewisses gleichartiges Milieu schafft. Wer sich den Regeln nicht unterwirft oder schwer dagegen verstößt, kann offiziell ausgestoßen werden.

Durch Übertritt in eine nichthinduistische Religion (das gilt nicht für »Ketzer«-Religionen wie Buddhisten, Sikhs und Jainas) scheidet ein Hindu aus seiner Kaste und damit aus seinem sozialen Bezugssystem aus. Das erklärt z. B. die große Schwierigkeit der christlichen Mission, die deswegen auch am ehesten unter den Parias Erfolg hatte.

Der ideologische Hintergrund für das strenge indische Kastenwesen ist trotz der historischen Ableitung ein religiöser, und zwar die Lehre von Karma und Reinkarnation, die zwar in vielen Religionen bekannt ist, aber in keiner einzigen einen derartigen Einfluss auf die Gesellschaftsstruktur genommen hat wie in Indien. Sie dürfte schon vor-arischen Ursprungs sein.

Karma und Samsāra

Nach volkstümlicher Vorstellung geht die Seele (die nicht geistig, sondern feinstofflich-leiblich gedacht wird *[jiva]*, was die gebildeten Hindus je nach Denk-Schule sehr verschieden artikulieren) beim Tod eines Menschen zu dem besonderen Himmel seines besonderen Gottes als Belohnung für die Verehrung dieser Gottheit ein. Später kehrt diese Seele (in der das ihr eigene *Karma* aus dem vergangenen Leben »gespeichert« ist, aber nur in der Meditation bewusst gemacht werden kann) wieder auf die Erde zurück und verbindet sich mit einem anderen Körper. Dies wird in der Art einer Übersiedlung von einer (körperlichen) Wohnstätte in eine andere vorgestellt. Es ist ein unaufhörlicher Prozess, und die Seele bleibt an das Rad der Existenz gebunden, das sich unaufhaltsam dreht: von der Geburt bis zum Tod und vom Tod bis zu einer neuerlichen Geburt (**Seelenwanderung**), in ständigen Wiederholungen *(samsāra)*.

Dauer und Qualität des Aufenthalts im Jenseits zwischen den Wiederverkörperungen hängt vom Verhalten ab, das im vorhergehenden irdischen Leben geübt wurde *(karman)*. Das Wort bedeutet tun, handeln und bezeichnet auch alles, was aus dem Tun resultiert: Taten, Werke, besonders die Opfer, aber auch die jetzt bereits sichtbaren oder ableitbaren und ebenso die zukünftigen physischen und psychischen Folgen einer Tat und auch der Unterlassungen – sofern sie auf Begierde, Unwissenheit, Ichbezogenheit oder Trägheit beruhen.

Doch auch die neuerlichen Einkörperungen werden nach Maßgabe der Tugenden oder Verfehlungen des vorhergehenden Lebens so gesteuert, dass sie vom Ich des Menschen (das als Verbindung von *jiva* = Seele und *ātman* = Selbst gedacht wird) als verdienter Lohn oder angemessene Strafe verstanden werden. Es gibt für den Hindu kein fraglos hingenommenes Schicksal und auch keine Prädestination (im Sinne einer vom

Menschen unabhängigen göttlichen Vorherbestimmung), sondern die Erklärung für die enormen Verschiedenheiten der Lebensbedingungen liegt in einem früheren Leben. So erklärt sich für die Hindus, dass die einen gesund sind und im Wohlstand leben, andere krank und in tristen Verhältnissen, dass die einen weise und erfolgreich sind, die anderen unwissend und unbedeutend. Die gesamte gesellschaftliche Struktur ist davon abhängig, denn man wird in jener Kaste wiedergeboren, die den Verdiensten des vorangegangenen Lebens im Körper entspricht.

Diese Vorstellung ist ein wesentlicher Schlüssel zum Verständnis des hinduistischen Kastensystems. Deshalb gibt es für den gläubigen Hindu auch kein Aufbegehren gegen schlechte Lebensumstände, keine revolutionären Veränderungen der gesellschaftlichen Strukturen, weil die Kastenzugehörigkeit für jedes Leben unwiderruflich festgelegt ist und nicht innerweltlich-individuell, sondern von dieser übergeordneten Perspektive aus als karmabedingt interpretiert und akzeptiert wird. Die sichere Hoffnung geht dahin, bei treuer Befolgung der jeweiligen Kastennormen im nächsten Leben eine deutliche Verbesserung der Lebensumstände zu erfahren.

Gleichzeitig muss man aber auch darauf achten, kein neues schlechtes Karma aufzuhäufen, indem man den Begierden des Ich ungebremst nachgibt und zum Egoisten oder gar Egozentriker wird. Denn all dies wird unverlierbar im inneren Instrument *(antahkarana)* der Seele gespeichert. Dasselbe gilt natürlich auch für gutes Karma, dass ebenfalls entsprechende Folgen zeitigt.

Karma wird dadurch *gelöscht*, dass man *seine Wirkungen erlebt.* Das gute Karma wird in der Atmosphäre *(bhuvarloka)* – einer Art Zwischenzustand zwischen Himmel und Erde – oder im Himmel erlebt – das gilt besonders für die Weisen *(munis),* die Vollendeten *(siddhas)* und die Gottheiten –, bis es sich verbraucht hat und man wieder in einen Körper muss, entweder um noch vorhandene Reste schlechten Karmas durch konkrete Erfahrung der dadurch bewirkten Lebensumstände zu löschen, oder weil dies der Kreislauf des Lebens erfordert.

Dieser **Kreislauf des Lebens** begann, als Brahmā zu Beginn unseres Weltzeitalters *(mahayuga)* – das insgesamt 4,320.000

Menschenjahre oder 12.000 Götterjahre dauert – die Menschen ohne jeden Kastenunterschied und mit keinerlei Makel behaftet schuf. Er wollte sie nicht als Automaten oder Marionetten, sondern als Wesen, welche Freiheit besitzen und die Fähigkeit haben zu lernen und zu vergessen, zu handeln und zu unterlassen.

Mit seiner Befreiung aus dem *Samsāra* der Wiedergeburten kann der Mensch gewöhnlich erst am Ende eines Lebens des Gottes Brahmā rechnen – die Himmelsbewohner dagegen schon am Ende eines Brahmā-Tages. Dann können sie in höhere Regionen aufsteigen, die nicht mehr dem Gesetz des Samsāra unterliegen.

So wird jedem Wesen Erlösung zuteil – freilich erst nach unvorstellbar langen Zeiträumen! Denn nach dem *Gesetzbuch des Manu* (es entstand vor rund 2.000 Jahren) befinden wir uns derzeit im 8. Jahrtausend des 4. und letzten Weltalters *(Kaliyuga)*, das insgesamt 432.000 Jahre dauert. Vorangegangen waren das 3. oder Dvāparayuga (864.000 Jahre), das 2. oder Tretayuga (1,296.000 Jahre) und das 1. oder Kritayuga (1,728.000 Jahre). Ein *Brahmā-Tag* (= Äon oder Weltzeitalter) umfasst aber 1.000 Kaliyuga (= große Weltalter), das sind rund 4,3 Milliarden Menschenjahre!

Dann folgt eine ebenso lange dauernde *Brahmā-Nacht* – womit eine Weltperiode *(kalpa)* von 24 Mill. Götterjahren oder 8,64 Mrd. Menschenjahren abgeschlossen ist. Darauf folgt dann wieder ein Brahma-Tag und so fort – ein ganzes Brahmā-Leben lang, dessen Lebenserwartung niemand kennt.

Diese Vorstellungen sollen dem Menschen die relative Kürze seines Erdenlebens im Gesamt der Riesenzeiträume des kosmischen Geschehens einschärfen, gleichzeitig aber klar machen, dass alles – im Makrokosmos wie im Mikrokosmos – nach unverbrüchlichen Gesetzen verläuft, denen sich niemand und nichts entziehen kann. Wem das zu lange dauert, der hat auch andere Möglichkeiten der Erlösung – durch die bewusste Vernichtung des vorhandenen und durch Vermeidung der Schaffung von neuem Karma, indem man alle Bindungen an die Welt löst. Dies geschieht durch ausgefeilte Wege der **Askese**, der **Meditation**, des **Yoga** und durch **Bhakti** (= hingebungsvolles Erwarten göttlicher Gnade und Liebe). Diese Wege wurden teilweise schon im älteren Hinduismus beschritten und werden in der Mitte des 5. Jh. v. Chr. bereits intensiv geübt, zur Blüte gelangten sie aber erst im klassischen Hinduismus (s. nächstes Kapitel).

Diesen sozusagen anarchischen spirituellen Initiativen und Selbsterlösungs-Bewegungen stellten die Brahmanen das System der **Ashramas** (= Lebensstufen) gegenüber: Jeder Inder sollte seine Jugend mit dem Studium der Veden verbringen (und zwar mindestens zwölf Jahre lang), sollte dann einen Hausstand gründen und sich als Haus- und Familienvater bewähren, bis die kommende Generation das Leben in die Hand nehmen könne. Darauf konnte der Mann seine Familie wieder verlassen und sich aufs neue der Meditation und Askese widmen. Damit zeigten sich die Brahmanen diesem neuen individualistischen religiösen Geist gegenüber durchaus aufgeschlossen, verminderten aber seine gesellschaftliche Gefährlichkeit durch die Verlagerung auf das dritte Lebensalter.

Obwohl in der vedischen und brahmanischen Männergesellschaft kaum spezielle Regelungen für Frauen getroffen wurden, tritt auch in dieser Beziehung in den Upanishaden ein gewisses Umdenken ein. Frauen haben in Gesellschaft und Familie zwar weiterhin ihre vorgeprägte Rolle zu erfüllen, sie haben aber – falls sie interessiert sind – dasselbe Anrecht, belehrt zu werden und zur vollen Erkenntnis zu gelangen. Ein Indiz dafür ist das folgende Zitat aus einer der ältesten Upanishaden:

> *Yajnavalkya* (ein bedeutender geistiger Lehrer) *hatte zwei Gattinnen, Maitreyi und Katyayani; von ihnen war Maitreyi der Rede vom Brahman kundig, Katyayani hingegen wusste nur, was die Weiber wissen. Nun wollte Yajnavalkya in den anderen Lebensstand übergehen* (aus dem Stand des Hausvaters in den des Einsiedlers). *»Maitreyi!«, sprach Yajnavalkya, »ich werde nun aus diesem Stande ausziehen; wohlan! so will ich zwischen dir und der Katyayani Teilung halten!« Da sprach Maitreyi: »Wenn mir nun, o Herr, diese ganze Erde mit allem ihrem Reichtum angehörte, würde ich etwa dadurch unsterblich sein?«*
>
> *»Mitnichten«, sprach Yajnavalkya.*
>
> *Da sprach Maitreyi: »Wodurch ich nicht unsterblich werde, was soll ich damit tun? Lege mir lieber, o Herr, das Wissen aus, welches du besitzest!«*

Und Yajnavalkya sprach: »Fürwahr, nicht um des Gatten willen ist der Gatte lieb, sondern um des Selbstes willen ist der Gatte lieb; fürwahr, nicht um der Gattin willen ist die Gattin lieb, sondern um des Selbstes willen ist die Gattin lieb … Fürwahr, nicht um der Söhne (Tiere, Brahmanen, Kriegerstand, Welten, Götter, Veden, Wesen, Weltall usw.) willen sind die Söhne lieb, sondern um des Selbst willen.
Das Selbst fürwahr, soll man sehen, soll man hören, soll man verstehen, soll man überdenken, o Maitreyi; fürwahr, von wem das Selbst gesehen, gehört, verstanden und erkannt worden ist, von dem wird diese ganze Welt gewusst …
Nun weißt du die Lehre, o Maitreyi; dieses, fürwahr, reicht hin zur Unsterblichkeit!«
Also sprach Yajnavalkya und zog von dannen. (Brhadaranyaka-Upanishad, 4, 5).

Yajnavalkya sprach zu seiner interessierten Frau vom *Atman* – der höchsten Erkenntnis eines Menschen am Ende der vedisch-brahmanischen Zeit. Von da an war es nur mehr ein Schritt, diese Erkenntnis des *atman* als Ausgangspunkt der - gesamten Weltbetrachtung zu nehmen und bei der Grunderfahrung des »Buddha« zu landen, dass der Wissende erfasst, dass er die Außenwelt nur als **leidvoll** erkennen kann:
Der sich im Bewusstsein befindet, doch vom Bewusstsein verschieden ist, den das Bewusstsein nicht kennt, dessen Leib aber Bewusstsein ist, der das Bewusstsein von innen lenkt, dieser ist dein atman, *der innere Lenker, der Unsterbliche. Was von ihm verschieden ist, das ist leidvoll.* (Brhadaranyaka-Upanishad 3,7).

Ziel und Aufgabe des strebenden Menschen ist es, zu lernen, wie man aus diesem Samsara des Leidens erlöst werden kann. Die Upanishaden verstehen sich als Lehre dieses Erlösungsweges, der in drei Schritten vor sich geht:

Beim Bedenken der Einheit der Welt und der Allgegenwart des *atman* gerät der Mensch in Verzückung.

In diesem Erlebnis schwinden Wahrnehmen und Denken – aber das Dasein mit seinem *karma* (= Auswirkungen vergangener Taten als Vergänglichkeit, Leid usw.) erweist sich als unerbittliches Gegenüber des *ātman.* Erlösung geschieht im Überwinden des Werdens durch Enthaltung vom Handeln,

Loslösen vom Begehren und im Festhalten der Natur des *ātman* in seinem inneren Selbst.

Der Mensch muss dabei insofern einen Kompromiss eingehen, als er die Welt des Werdens, die von *ātman* grundverschieden ist, doch als aus ihm stammend erkennen soll. Durch mystisch-religiöse Identifikation muss er sodann diese ursprüngliche Einheit wiederherstellen: *»Indem ich ātman in mir finde, erlange ich die Selbsterkenntnis, und indem ich feststelle ›Ich bin brahman‹* (= ich habe Anteil am Urprinzip), *erlange ich die All-Erkenntnis: ›Das Dasein ist mit dem ātman-brahman identisch«*

Die (jüngeren) Upanishaden (die zu Lebzeiten des Buddha entstanden sind) halten hier inne und suchen die Lösung dieses Widerspruchs nicht philosophisch wie der spätere Vedanta des klassischen Hinduismus, sondern religiös: Erlösung geschieht **durch die Gnade des höchsten Gottes**, des großen Zauberers (= *māyim*), der das Blendwerk (= *māyā*) der Werdewelt und damit den unendlichen Kreislauf des Lebens (= *samsāra)* verschwinden lässt.

Dieser Zauberer-Gott, der zugleich als Schöpfer und als Erlöser gesehen wird, der also sowohl für die Welt des Werdens wie für die des Absoluten verantwortlich ist, ist in bestimmten theistischen Traditionen **Rudra-Shiva**: *»Der eine Rudra ist es – ein zweiter kommt nicht in Frage –, der diese Welten beherrscht mit seinen Herrscherkräften. Hinter den Menschen steht er, der alle Welten schafft, behütet und zur Endzeit in sich einzieht, er, der der Götter Ursprung und Vergehen ist.«* (Shvetāshvatara-Upanishad 111, 2).

Rudra-Shiva ist aber nicht mehr der vedische *deva* (= niedere Gottheit) der Brahmanen, den man mit Hilfe des Rituals beeinflusst, er ist auch nicht der mythologische Gott der alten Arier, er trägt vielmehr als der einzige All-Gott die pantheistischen Züge des upanishadischen Absoluten.

Der Yoga

Ein Weg, mit der Welt umzugehen und sich auf den Erlösungsweg zu begeben, ist in der Zeit der Jüngeren Upanishaden der **Yoga** (= Anspannen). In der Kāthaka-Upanishad (3,3 f.) steht das berühmte Gleichnis vom Wagen und Gespann: Der Leib des Menschen ist der Wagen, in welchem der *atman* (= die Seele) fährt. Der Wagenlenker ist *buddhi* oder *sattva* (= Intelligenz), sein Zügel ist *manas* (= Denkorgan). Die Sinnesorgane sind die Rosse, und ihre Objekte, die empirischen Dinge, sind die Fahrbahn, auf der dieser Wagen fährt. *Atman* genießt somit die Erfahrungen der Außenwelt nur durch Vermittlung des von der *buddhi-sattva* gelenkten *manas.* Um den Gipfel der Versenkung, die höchste Transzendenz und Ruhe *(= avyaktam* oder *shānta ātman),* zu erreichen, muss man stufenweise die Sinnesorgane und das Denken bezwingen und den *atman* von allen Hemmungen befreien. Dies geht auf ganz bestimmte, bewährte Weise vor sich:

> *Den Leib dreifach gerichtet, ebenmäßig, Verstand und Sinne im Herzen eingeschlossen, so mag der Weise auf dem Brahmanschiff die fürchterlichen Fluten überfahren. Den Odem hemmend, die Bewegung zügelnd, bei Schwund des Hauchs ausatmend durch die Nase, wie jenen Wagen mit den schlechten Rossen* (= Sinnen), *so fesselt ohne Lässigkeit das Mana* (= Denken).
>
> *Rein sei der Ort und eben, von Geröll und Sand, von Feuer, von Geräusch und Wasserlachen frei; hier, wo den Geist nichts stört, das Auge nichts verletzt, in windgeschützter Höhlung schicke man sich an.*
>
> *Erscheinungen von Nebel, Rauch und Sonnen, von Wind und Feuer, von Leuchtkäfern, Blitzen, von Bergkristall und Mondglanz, sind beim Yoga in Brahman Offenbarung vorbereitend.*
>
> *Aus Erde, Wasser, Feuer, Luft und Äther dann fünffach entwickelt sich die Yoga-Tugend; der weiß nichts mehr von Krankheit, Alter, Leiden, der einen Leib erlangt aus Yogafeuer.*
>
> *Behändigkeit, Gesundheit, Unbegehren, ein klares Antlitz, Lieblichkeit der Stimme, schöner Geruch, der Ausscheidungen wenig – darin betätigt sich zuerst der Yoga.*
>
> *Gleichwie ein Spiegel, der mit Staub bedeckt war, wie Feuerschein erglänzt, wenn er gereinigt, so wird nur, wer erkannt der Seele Wesen, des Ziels teilhaftig und befreit von Kummer.*
>
> *Wenn seiner Seele Wesen wird zur Fackel, im Yoga Brahmans Wesen zu erschauen, fest, ewig, rein von allen Da-*

seinsformen – wer so den Gott weiß, der wird frei von Banden. (Shvetāshvatara-Upanishade II, 8–15)

Und all dies ist nicht vordergründiger Hatha-Yoga mit seinen vielen Körper-Stellungen, sondern er hat das große Einswerden zum Ziel, das beim intensiven Üben ansatzweise Schritt für Schritt tiefer erfahren wird und das dann bei der großen, alles zusammenfassenden Yoga-Übung des Auflösens der an den irdischen Körper gebundenen Existenz im Sterben an sein Ziel kommt:

Er (atman) *wird eins* (mit den Gegenständen der sinnlichen Wahrnehmung), *darum sieht ernichts mehr, wie man sagt; er wird eins, er riecht nichts mehr, wie man sagt; er wird eins, er schmeckt nichts mehr, wie man sagt; er wird eins, er redet nichts mehr, wie man sagt; er wird eins, er hört nichts mehr, wie man sagt; er wird eins, er denkt nicht mehr, wie man sagt; er wird eins, er fühlt nicht mehr, wie man sagt; er wird eins, er erkennt nicht mehr, wie man sagt.*

Die Spitze seines Herzens wird erleuchtet, und bei diesem Licht geht der Atman aus dem Körper hinaus – entweder durch das Auge oder durch den Kopf oder durch andere Körperöffnungen. Und wenn er so hinausgeht, geht das Leben mit ihm hinweg.

Und wenn das Leben so hinweggeht, geht nach ihm aller Lebenshauch hinweg. Er wird eins mit dem Bewusstsein. Was Bewusstsein hat, geht mit ihm hinweg. Sein Wissen und sein Werk und auch sein vergangenes Leben ergreifen ihn …

Fürwahr, wenn der Mensch von dieser Welt scheidet, dann gelangt er in die Luft. Sie öffnet sich ihm wie die Öffnung eines Wagenrades. Dort hindurch geht er aufwärts. Er gelangt zur Sonne. Diese tut sich ihm so weit auf wie die Öffnung einer Trommel. Dort hindurch geht er aufwärts. Er erreicht den Mond. Dieser tut sich ihm so weit auf wie die Öffnung einer Pauke. Dort hindurch geht er aufwärts. Er gelangt zu der Welt, die frei ist von Kummer, frei von Kälte. Dort bleibt er für ewige Jahre. (Brhadaranyaka-Upanishad IV, 4, 2; V, 11, 1)

Der klassische Hinduismus

Etwa ab dem 4. Jh. Chr. tritt aus der brahmanischen Literatur deutlich die neuartige Religiosität des Hinduismus zutage, die sich freilich schon Jahrhunderte vorher angekündigt hat, so dass man mit Recht die vedische Zeit auch als Zeit des ***älteren Hinduismus*** bezeichnen kann.

Die Brahmanen trugen ja zusammen mit den Kshatriyas bereits die Hauptlast der Arisierung und organisierten dann in

Der indische Subkontinent. Indien ist die Heimat der ältesten, seit mehr als vier Jahrtausenden lebendig gebliebenen, allerdings sehr komplexen Weltreligion »Hinduismus«.

den unterworfenen Gebieten von Dorf zu Dorf und von Land zu Land das Kult- und Opfersystem, die soziale Gesetzgebung (Kastensystem) und die Verbreitung ihrer Weltanschauung und Theologie. Dabei wurde einerseits mit einem gewissen Druck von oben vorgegangen – die beiden obersten sozialen Klassen zogen an einem Strick, und der dritte Stand erlebte bei der Schaffung der neuen Infrastruktur einen großen Aufschwung. Andererseits waren die Brahmanen den *Shudras* – also der Masse des bodenständigen Volkes – gegenüber auch tolerant und klug, weil sie die alten Volksbräuche und religiösen Anschauungen, die gewohnten Götternamen und vertrauten Mythen nicht bekämpften, sondern in ihr religiöses System einbauten und den Glauben der in Indien (und zwischen dem 6. Jh. v. Chr. und dem 6. Jh. n. Chr. auch in Ceylon, Indochina, Sumatra, Java und Bali) lebenden Menschen auf diese Weise hinduisierten.

Dieser Prozess vollzieht sich schon mehr als drei Jahrtausende lang und macht das Besondere und Unvergleichliche des unwahrscheinlich komplexen Glaubens der Hindus aus (den wir Europäer erst seit etwa 1830 mit dem Begriff *Hinduismus* belegt haben).

Man darf dabei nicht vergessen, dass Indien ein Subkontinent ist, auf dem heute »mehr als eine Milliarde Menschen in gezählten 576.225 Dörfern leben, von denen nur ein schwaches Drittel elektrisches Licht hat. Doch in jedem Dorf steht ein Tempel mit einem Priester darin ... Unermesslich ist die Verehrungsbereitschaft der Hindus. Die Angaben über die Zahl der göttlichen Wesen schwanken zwischen 330 Millionen und 33 Tausend – was überhaupt keine Rolle spielt, denn wirklich gezählt wurden sie nie. Verehrt werden Tiere, Steine, Menschen, Silben, Gewässer, göttliche Wesen in männlicher und weiblicher Gestalt, kosmische Abstrakta, Naturkräfte, Asche von Toten ... Weil in Indien acht Hauptsprachen und Hunderte Dialekte gesprochen werden, gibt es jene Mannigfaltigkeit der göttlichen Namen, die den sogenannten Betrachter verwirren ... Das bäuerliche Universum der Hindus verweigert sich dem geschulten Blick deshalb, weil es weder Geschichte noch Stil hat.« (Adolf Holl)

Upanishaden	*Mittlere Vers-Upanishaden* **Shvetāshvatara; Kāthaka; Īsha; Mundaka; Mahānārayana** *Mittlere Prosa-Upanishaden* **Prashna; Maitrāyanī; Māndūkya** *Jüngere Upanishaden* **Kailvalya, Brahma, Brahmabindu, Paramahansa** u. a.
Epen	**Mahābhārata:** Dem Dichter Vyasa zugeschrieben, aber das Werk vieler Jahrhunderte (4. Jh. v. Chr. bis 4. Jh. n. Chr.), 180.000 Verse. Mythologische Geschichte des Kampfes zwischen den Kauravas und den Pāndavas am Ende des 3. Lebenszeitalters. Das 12. Buch des Mahabharata wird *Moksadharmaparvan* (= Buch über die Lehre der Erlösung) genannt, das 13. Buch enthält in 18 Gesängen bzw. 700 Versen die ***Bhagavad-Gītā*** (= Gesang des Erhabenen), die beste Zusammen fassung der hinduistischen Religion. **Rāmayāma:** jünger als das Mahābhārata, geschrieben von *Valmiki*, beschreibt den Lebenslauf des Rama (= Prinz Ramacandra; als 7. *Avatar* = Inkarnation Vishnus verehrt) und seiner Frau Sita, spielt im 2. Lebenszeitalter. Im Volkshinduismus kennt jedes Kind dieses »Lied vom liebenden gerechten Mann und der treuen Frau«, Rama ist der Helfer im Alltag.
Purānas	Indisches Geschichtswerk in vielen Büchern zwischen dem 2. u. 10. Jh. n. Chr., das von der Weltschöpfung und über sagenhafte Weltzeitalter berichtet, heilige Stätten und Wallfahrten beschreibt, Königsgenealogien anbietet und weitere Traditionen enthält, aus denen man viel über den Hinduismus, weniger über die indische Geschichte erfährt. Sehr verbreitet ist die

	Bhāgavata Purāna mit vielen Geschichten über *Krishna* – wichtig im Bhakti-mārga.
Tantras	Praktische Handbücher zum tantristischen Ritual und zur Magie der Mantras und Mandalas. Sie bieten die esoterische Perspektive des hinduistischen Mittelalters.
Sutras und *Dharmas*	Eine Fülle von Schriften aus mehr als einem Jahrtausend. Sie enthalten das weitläufige Ritual des klassischen Hinduismus für das tägliche Opfer, die großen Jahresfeste, Reinigungsvorschriften, einen ethisch-moralischen Codex, Tugend- und Lasterkataloge, Verzeichnisse der Pflichten der Könige, Priester, Asketen und Hausväter sowie das bürgerliche Recht und das Strafrecht. Am bekanntesten ist das **Manavadharmasastra** (= Gesetzbuch des Manu).
Lyrik	**Gitagovinda** (12. Jh.): Liebeslyrik des Jayadeva (für Bhakti-mārga und Shaktismus).

Der Übergang vom Brahmanismus zum Hinduismus ist nicht wirklich wahrnehmbar, er ist fließend, ist ein langer Wachstumsprozess – bis zum Neohinduismus unserer Gegenwart. Die Hinduisierung des vedisch orientierten Brahmanismus vollzog sich in einer tiefgreifenden Krisenzeit, deren Leitmotiv dem Ruf Buddhas entspricht: *»Alles ist Schmerz, alles ist vergänglich!«*

Drei Wege zur Erlösung

Diese Weltsicht führte aber nicht zum Pessimismus oder Nihilismus – die sucht man in Indien vergeblich. Ganz im Gegenteil: Die Entdeckung des Schmerzes führt zum Bewusstsein, dass man der Erlösung bedürftig ist. Deshalb gehörte diese Zeit den Asketen und Büßern, die der Welt Ade sagten und in die Wälder gingen, um zu meditieren, um den Erlösungsweg zu gehen und das universelle Leiden zu durchbrechen.

»Wenn Angehörige indischer Religionen von Erlösung *(moksa)* sprechen, so nennen sie gewöhnlich drei Wege: den

Weg des Handelns (karma-mārga), den *Weg der Erkenntnis* (jnāna-mārga) und den *Weg der Gottesliebe* (bhakti mārga).« (Heinrich von Stietencron) Diese drei Wege sind nicht feinsäuberlich voneinander geschieden, sie überschneiden sich, benützen teilweise dieselben Techniken, weshalb man sie auch kombinieren kann und kombiniert hat.

Die Inder unterscheiden zwei typische Grundhaltungen auf den drei Erlösungswegen: Die einen entscheiden sich für den ***Affenweg*** – die anderen für den ***Katzenweg:*** Das *Affenjunge* ist von Anfang an aktiv, klammert sich aus eigener Kraft am Fell der Mutter fest und ist so immer in Sicherheit. Das *Katzenjunge* dagegen ist passiv, es miaut kläglich und rührt sich nicht von der Stelle, so muss es die Katzenmutter im Maul forttragen, um es in Sicherheit zu bringen; erst allmählich erwacht seine Aktivität. – Angewandt auf die drei Erlösungswege, gehören die beiden ersten zum Affenweg, der Bhakti-Weg dagegen ist ein Katzenweg.

Karma-mārga (= Weg des Handelns)

Auf diesem Selbsterlösungsweg spielt die *Tapas* (= Askese) eine große Rolle. Der gläubige Hindu, der aus dem Alltag der Gesellschaft und der Religion ausbricht, weil er darin nur mehr einen Ausdruck des *Samsāra*, des Eingespannt-Seins in Vorübergehendes und Unvollkommenes, sehen kann, zieht sich in den Wald zurück – in die Wildnis, die Einsamkeit, die Ungesichertheit –, um sich ungestört verschiedenen körperlichen Bußübungen (Fasten) und geistigen Konzentrations- und Erweckungsübungen (Meditation) hingeben zu können. Indem er dies tut, arbeitet er daran, die Voraussetzungen des Gebundenseins an das Werden und Vergehen, an schlechtes Karma und stereotype Lebensvollzüge abzubauen und sich davon zu befreien, und das All-Eine zu finden – das außerhalb des Werdens und Vergehens existiert –, sich mit ihm zu verbinden und damit selbst auch außerhalb zu sein.

Es handelt sich bei dieser Art von Askese »um das Erzeugen von schöpferischer Hitze auf dem Wege einer Schulung des Willens. Dieser wird durch physische Entbehrungen und geistige Anspannung derartig trainiert, dass der Asket die normalen Begrenzungen leiblichen Daseins schließlich überschreiten und übermenschliche Kräfte der Wahrnehmung und des Handelns entwickeln kann. Wenn es ihm gelingt, in der Glut seines Willens die Fesseln seines Leibes zu verbrennen, dann verwandelt sich sein Wille in Macht, verschiedene Wunder zu tun, zu heilen, zu verfluchen – und zu erkennen.« (Heinrich von Stietencron)

Buddha ging diesen Weg (siehe im Band DER GLAUBE DER BUDDHISTEN), der *Shivaismus*, der in Shiva das große asketische Vorbild sieht, die Meister des Himalaja, in besonderer Weise auch die *Bhagavad-Gītā*, die diesem Weg durch ihre Aufforderung zu sozialem Handeln in der Welt eine neue Dimension gab. »Verrichte deine Aufgaben in der Welt ohne Selbssucht!« ist die große Botschaft der Bhagavad-Gītā. Denn nur die Selbstsucht erzeugt die Begierde, die bei der Ausführung einer Tat Karman erzeugt und damit in eine erneute Wiedergeburt zwingt.

Der Indien angemessenste Weg des Handelns ist aber wohl der **Yoga**, dessen Anfänge bereits für die vor-arische Zeit nachgewiesen sind, der über die Jahrhunderte hin Schritt für Schritt entfaltet wurde und in der Krisenzeit der Upanishaden und der hinduistischen Synthese einen großen Aufschwung erlebte. Seine eigentliche Blüte erfolgte aber erst mit *Patanjali*, dem Autor der »Yoga-Sutren«, die wahrscheinlich erst in den ersten Jahrhunderten nach der Zeitenwende entstanden sind.

Das Wort **Yoga** kommt von anschirren, d. h. die verschiedenen Körperfunktionen, die Sinneswahrnehmungen und auch das Denken werden unter Kontrolle gebracht mit dem Ziel, vollkommen vom individuellen Selbst beherrscht zu werden, das nicht mehr abgelenkt ist, sondern sich auf das Eine (oder den Einen) Absolute(n) konzentriert und die Vereinigung von Atman und Brahman erreicht. Dieses Ziel kann nur unter bestimmten *Voraussetzungen* erreicht werden: (1) Einhalten der sittlichen Grundgebote, (2) Selbstzucht (innerliche und äußerliche Reinlichkeit, Enthaltsamkeit, intensives Studium, Konzentrationsfähigkeit), Atemkontrolle, (3) Kontrolle der körperlichen Funktionen durch bestimmten Körperhaltungen, (4) Steuerung der vitalen Kräfte des Körpers, Zurückziehen der Sinne von der Außenwelt (Versenkung) und der Gedanken und Vorstellungen im Inneren, (5) Überwindung der Trennung von Subjekt und Objekt als blitzartiges Aufleuchten der

Erkenntnis *(samādhi)*, (6) weiteres Üben kann dann zur Vollendung führen (= vorübergehendes oder endgültiges Verweilen im Samādhi).

Dieser meditative Übungsweg kann mit verschiedenen Inhalten gefüllt werden (welchen Gott der Einzelne verehrt bzw. auf welchem Weg er sich dem Einen annähert, welche Schriften er studiert und meditiert, welche Körperhaltungen er auswählt, um Beschwerden auszugleichen oder seine karmatische Läuterung voranzutreiben oder um größere innere Kraft zu erreichen etc.). Ob einer sich zu den Shivaisten oder Vishnuisten oder zu einer anderen religiösen Gruppierung zählt bzw. bestimmten Überlieferungen zuneigt, ob er den Schwerpunkt auf den *Hatha-Yoga* legt (wo das Tun im Vordergrund steht) oder auf *Jnāna-Yoga* (Erkenntnis) oder *Bhakti-Yoga* (Hingabe) spielt keine entscheidende Rolle. Der Yoga ist eine harmonisierende, ganzheitliche Lebensweise, die in den genannten sechs Schritten so flexibel ist, dass die Religion oder der Befreiungsweg des betreffenden Yogi zweitrangig ist, weil er ohnehin im Laufe seiner Entwicklung erkennt, dass menschliches Denken und Vorstellen zur Scheinwelt gehört, d. h. eine weltliche Erscheinungsform des transzendenten, undenkbaren und nicht in menschliche Worte zu fassenden Seienden ist.

Dabei zeigt sich die große spirituelle Begabung des indischen Menschen, der besser als z. B. wir Europäer imstande ist, in mehreren Schichten, auf verschiedenen Ebenen und in fließenden Übergängen (von konkret und abstrakt, bestimmt und unbestimmt, gefühlsbetont oder denkintensiv, logisch und mythisch etc.) ganzheitlich zu leben und sich zu bewegen. »Nomistische Lebensregeln, dogmatische Denkanweisungen und konfessionelle Abgrenzungen durchschaut der Hindu als Verkürzungen und Verabsolutierungen der einen, multidimensionalen Wirklichkeit, in der er sich vorfindet. Daraus »erwachsen wie von selbst Duldsamkeit und Gleichmut und innerer Friede« (Heinrich von Stietencron). Wobei eine solche Aussage wiederum nicht gepresst und verabsolutiert werden darf, denn der indische Mensch ist z. B. heute wie alle anderen Menschen von den Auswirkungen der wirtschaftlichen Globalisierung, politischen Positionierung und religiösen Säkularisierung erfasst und reagiert aggressiv auf Zwänge jeder Art.

Jnāna-mārga (= Weg der Erkenntnis)

Wie eben angedeutet, denkt der indische Mensch in gewisser Weise anders als wir Europäer. Er steht in einer anderen Denktradition, die ganzheitlicher ist als unsere linear-wissenschaftliche Denkweise, die den Akzent sehr stark auf das logisch-stringente Schlussfolgern und auf das nachprüfbare Faktenwissen und nicht so sehr auf das Einfühlen und intuitive Innewerden der Wahrheit legt, die der Inder als *Überwindung der Unwissenheit* versteht.

Im Wort *Avidyā* (= Unwissenheit) liegt mehr als Nicht-Wissen. Es bedeutet eigentlich Trennung und verweist auf das Bewusstsein, dass der irdische Mensch durch sein Eingetauchtsein in die Werde-Welt abgetrennt ist von der Einheit des Seins und von der Ganzheit des Erkennens; dass er seine diskursive Denkweise als Ausdruck dieses Getrenntseins erfasst und zuerst Befreiung aus dieser Scheinwelt erlangen muss (z. B. aus der Subjekt-Objekt-Spaltung), indem er alle jene Faktoren überwindet, die ihm die Wirklichkeit als Vielheit erscheinen lassen, ehe er Zutritt zur Wahrheit *(tattva-jnāna)* findet, der Wirklichkeit, wie sie wirklich ist.

Dies geschieht dadurch, dass er sich darauf konzentriert, den Prozess der Weltentfaltung Schritt für Schritt zurück zu verfolgen, bis die Vielheit im Bewusstsein wieder aufgelöst und ein Bewusstseinswandel erfolgt ist. So mündet dieser Weg der Erkenntnis ebenfalls in den Yoga ein.

Der **Jnāna-Yoga** nimmt sich bei den Stufen (3) und (4) im Vergleich zu den oben genannten Yoga-Arten etwas zurück und konzentriert sich auf Denken und Meditieren und stellt die gesamte Yoga-Übung in den Dienst des Erkenntnis-Gewinns durch Reinigung des Bewusstseins. Ziel ist Kontemplation oder Vision (Audition) des wahren Einen.

Viele Upanishaden sind wörtlich festgehaltene und schriftlich überlieferte Erkenntnisse, die bei der Yoga-Meditation auf dem sogenannten Weg des Wissens erlangt wurden. Das folgende Beispiel soll den Zungenschlag solchen Erkennens vermitteln:

Wer im Selbst alle Wesen wahrnimmt und sein Selbst in allen Wesen, hegt keinen Zweifel mehr. Wer erkennt, in wem das Selbst zu allen Wesen sich entfaltete, was bedeutet

für den, der die Einheit erkennt, noch Verwirrung und Kummer?
Er verließ das Lichte, Körperlose, Unverwundbare, Sehnenlose, Reine, vom Übel nicht Erfüllte und hat als ein weiser Seher umfassend, durch sich bestehend, je nach ihrer Art für ewige Zeiten die Dinge erschaffen.
Die gehen in tiefe Finsternis ein, die dem Nichtwissen anhängen; in noch tiefere, scheint es, die, welche am Wissen sich freuen. Sie sagen, es ist anders als das Wissen, anders als das Nicht-Wissen. So hörten wir von den Weisen, die uns das erklärten.
Wer beides, Wissen und Nichtwissen, zugleich erkennt, überwindet durch Nichtwissen den Tod und gelangt durch Wissen zur Unsterblichkeit.
Die gehen in tiefe Finsternis ein, die dem Vergehen anhängen; in noch tiefere, scheint es, die, welche an dem Werden sich erfreuen. Sie sagen, es ist anders als das Werden; sie sagen, es ist anders als das Vergehen. So hörten wir von den Weisen, die uns das erklärten.
Wer beides, Werden und Vergehen, zugleich kennt, überwindet durch Vergehen den Tod und gelangt durch Werden zur Unsterblichkeit.
Mit goldener Scheibe ist das Antlitz der Wahrheit bedeckt. Enthülle, Pūshan (= alter Sonnengott), *uns das, dass wir Rechts und Wahrheit schauen. Pūshan, alleiniger Wishi, Yama, Surya, Sohn des Prajāpati, zerteile deine Strahlen. Vereine dein Licht. Ja, ich sehe deine allerschönste Gestalt. Dort, jener Mann in der Sonne bin ich. Der Hauch werde zum Winde, dem Unsterblichen; in Asche endet dieser Leib.*
(Īsha-Upanishad)

Parallel zu diesem frühen Jnāna-Yoga und teilweise in enger Verbindung mit ihm entwickelte sich auch die indische Philosophie in verschiedenen Ausfaltungen aus dem Rigveda. Sie sind also nicht von außerindischen Denkweisen bestimmt, sondern lassen sich alle vom Gesetz des Karma, vom Prozess der Reinkarnation und von mystischen Erfahrungen und Erkenntnissen leiten, wie man sich vom Übel (Bösen, Leid, Tod usw.) befreit, und haben daher einen spezifischen Erkenntnis-Begriff, der sich deutlich vom abendländischen unterscheidet, und sind auch in ihren Inhalten von religiös-theologischen

Perspektiven, vor allem von der Frage nach Befreiung und Erlösung bestimmt.

Auf dem Weg der Entwicklung des Jnāna-mārga entstanden bedeutende Denkschulen, die als *Dardarshanas* (= sechs Einsichten) bezeichnet werden und meist einen langen Weg von den ersten Ansätzen über mehrere Reflexionsstufen bis zu ihrer Endgestalt nahmen:

1. **Sāmkhya** (= Aufzählung): Den Beginn dieser Denkschule findet man in den Upanishaden, als man die Elemente der Welt und die Grundprinzipien der Konstitution der Welt aus den mythischen Kosmogonien heraus analysierte. Dabei wurde der Geist, das inhaltlose inaktive Bewusstsein *(purusha),* der vielgestaltigen und aktiven Materialität *(prakriti)* gegenübergestellt und damit eine Polarität zwischen Materie und Bewusstsein aufgezeigt. Die Welt wird aber als wirklich und nicht als illusorisch angesehen wie z. B. im *Vedanta.* Das System setzt auf den Intellekt *(buddhi)* des Menschen und zählt 23 Gestaltungsmomente der Materie und zwei grundlegende Prinzipien auf, zeigt Wege der Interaktion zwischen diesen 25 konstituierenden Weltprinzipien und 8 Dispositionen des Intellekts und weist nach, dass es insgesamt 50 Gestalten des Gelingens beziehungsweise Misslingens dieser Interaktion gibt – wenn nämlich die grundlegenden Prinzipien durch Unwissenheit vermischt oder nicht ausreichend unterschieden und Materielles (z. B. das Ich des Menschen) irrtümlich als etwas Geistiges angesehen wird.

Das Misslingen der genannten Interaktion ist der Grund des Verhaftet-Seins der Existenz des Menschen im Kreislauf der Dinge *(samsāra)* – erst die richtige Erkenntnis all dessen führt zum Gelingen der Befreiung *(moksha)* bzw. Erlösung *(mukti),* die dem Intellekt aber verschlossen bleibt. Er spiegelt zwar den Geist, es bedarf aber eines neuen Erkenntnisinstruments, das außerhalb der Bedingungen menschlicher Existenz zu suchen ist, um diese transzendentale Wirklichkeit zu erkennen. Darin sieht der Sāmkhya den denkerischen Aufweis des teleologischen Charakters der Schöpfung, dass sie dem Purusha (= Selbst) dient und der erste Beweis für die Existenz des Geistes ist: *»Vom Brahman bis zum letzten Grashälmchen ist die Schöpfung zum Segen des Geistes, bis er seine erhabene Erkenntnis erreicht hat.«* (Sāmkhya-Sutra III,47)

Es gibt kein grundlegendes Werk dieser sehr einflussreichen Denkrichtung und auch keinen Begründer. Als Belege werden die Katha-Upanishad aus dem 4. Jh. v. Chr., das Shashtritanta *(Kapila, Pancashikha und Vrsagana)* ca. 250 n. Chr. und das Samkhyakārikā *(Isvarakrsna)* ca. 450 n. Chr. genannt.

2. **Vedānta** (= Ende des Veda): Diesem Ausdruck sind wir schon am Ende des Kapitels über die vedische Religion als einem literarischen Begriff begegnet, der die einschneidende Zäsur zwischen *Shruti* (= Offenbarung«) und *Smrti* (= Tradition) benennt. Gleichzeitig verwendet man Vedanta aber auch schon als anderen Namen für die esoterisch-philosophischen Upanishaden bzw. für deren allerdings sehr divergenten philosophischen Inhalte. In den ersten Jahrhunderten n. Chr. wurde der Begriff dann im Rahmen der *Dardarshānas* zur besonderen Benennung des dem Yoga und der klassischen *Sāmkhya*-Philosophie gegenübergestellten und von ihnen abgehobenen philosophischen Systems der Upanishaden verwendet.

Die Frühgeschichte dieses Systems liegt im Dunkeln, denn das älteste erhaltene Werk dieses Denksystems, das *Brahma-Sutra* des Rishi ***Bādarāyana*** (1. Jh. n. Chr.), spricht von drei unterschiedlichen Theorien und nennt die Namen ihrer Vertreter. Nach der ersten Theorie sind *ātman* und *brahman* identisch; nach der zweiten sind sie bis zur Erlösung vollkommen unterschiedlich und getrennt; nach der dritten ist das *ātman* von göttlicher Art, doch nicht mit dem *brahman* identisch. Das Brahma-Sutra gibt aber große Probleme auf, da die 555 Aphorismen, aus denen es besteht, »wohl eher als Gedächtnisstütze gedacht sind und eines Meisters bedürfen, um verstanden zu werden« (M. Eliade). Die früher vorhandenen Kommentare sind aber nicht erhalten, so dass wir auf einzelne Zitate in jüngeren Upanishaden, in der *Bhagavadgītā* und im *Mokshadharma* (= 12. Buch des *Māhābhārata*) – sowie auf die Interpretation *Shankaras* (9. Jh. n. Chr.) angewiesen sind.

Im Mittelpunkt der Vedanta-Lehre des ***Shankara*** (788–820) steht – wie auch 700 Jahre früher schon – die Lehre von *brahman* und *ātman,* die beide die letzte Wirklichkeit bezeichnen, wobei Shankara eine reine, konsequente, ja absolute

Einheitslehre (A-dvaita = Nicht-Zweiheit) vertritt. Shankara »war der berühmteste aller indischen Denker, ein genialer Philosoph, gleichzeitig ein tief religiöser Mystiker, Reformator, Ordensgründer und antibuddhistischer Vorkämpfer der hinduistischen Einheit; sein einfaches allumfassendes System hat bis heute eine große Gefolgschaft unter den hinduistischen Intellektuellen.« (Heinrich von Stietencron)

Shankara unterscheidet zwei Wahrheitsebenen: Auf der Ebene der gewöhnlichen empirischen Wahrheit gibt es viele Dinge und viele unterschiedene Selbst. Diese naive Erkenntnis täuscht, denn auf der Ebene der höheren, metaphysischen Wahrheit sind alle verschiedenen Selbst eins mit dem Absoluten. Wirklich existiert da nur das Eine, wahrhaft Reale, das ewige, unendliche Brahman, das zugleich reines Sein *(sat),* erkennendes Bewusstsein *(cit)* und alles erfüllende Glückseligkeit *(ānanda)* ist, aber nur durch ganzheitliche mystische Erfahrung erkannt werden kann, wenn der Meditierende sein individuelles Selbst *(ātman)* als das, was es ist, erfährt: nämlich ein anderer Aspekt des absoluten Selbst *(brahman).* Die Welt insgesamt wird auf dieser Ebene als Scheinwirklichkeit durchschaut und als kosmische Illusion *(maya),* die der Mensch im unerlösten Zustand als wirklich nimmt. In dieser Scheinwelt – und nur hier! – offenbart sich nach Shankara Brahman als ein *persönlicher Gott* mit entsprechenden Eigenschaften, als Herr (*Īshvara*), reines Licht, Schöpfer, Erhalter. Und dieser Gott kann daher unter verschiedenen Namen verehrt werden (als Vishnu, Shiva usw.). Shankara verfasste Hymnen und Gebete, aber er wies konsequent darauf hin, dass der Mensch nicht durch rituelle oder ethisch-moralische Taten, sondern nur durch die höhere Erkenntnis des All-Einen erlöst wird.

Madhva (1109–1278) ist der wichtigste Vertreter des *Dvaita-Vedanta* (= Zweiheit) und verweist demgegenüber auf die Wirklichkeit der Welt, die auf derselben Denkebene von Vishnu, dem einen und einzigen Gott, geschaffen, erhalten und regiert – aber auch vernichtet wird. Gott hat sich nicht in diese Welt als deren Materialursache hineinverwandelt, sondern er steht ihr gegenüber.

Rāmānuja (1056–1137) geht den mittleren Weg zwischen Shankara und Madhva und gilt als Führer des *Vishishtādvaita* (= Eins in Unterschiedenheit). Er war ein glühender Vishnu-

Verehrer, sagte sich aber nicht von der Einheitslehre der Upanishaden-Philosophie los, sondern verstand sie differenzierter als Shankara, in dessen System er erzogen worden war. Auch er war ein mystischer Denker und Reformator, ein Gründer von Tempeln und Klöstern und Stifter einer Ordens von Parias (der bis heute besteht). Er argumentiert philosophisch als Realist und nicht als Idealist. Er kann Shankara nicht abnehmen, dass das gesamte menschliche Leben für illusorisch erklärt wird – und verweist auf die älteren Upanishaden, wo dies tatsächlich nirgendwo behauptet wird. Er ist Monist wie Shankara; aber das Brahman ist für ihn nicht eigenschaftslos und unpersönlich, es ist vielmehr mit dem persönlichen Gott identisch. Und von da her gibt er der *Bhakti* (Hingabe an Gott, Liebe und Verehrung) eine neue denkerische Basis und stellt dem gnädigen, liebevollen Gott die vertrauensvoll und liebevoll antwortende individuelle Seele gegenüber.

Nimbārka (13./14. Jh.) und ***Vallabha*** (1479–1531) sind zwei weitere Vertreter des späteren Vedanta, die Modifizierungen zwischen Monismus und Dualismus anbringen.

3. **Mīmāmsā** (= Untersuchung): Diese dritte Darshana konzentriert sich auf die rechte Interpretation der vedischen Texte hinsichtlich des Dharma, also der religiösen und moralischen Pflichten des Menschen, und reagiert auf die Angriffe radikaler Kritiker der vedischen Tradition. Hauptwerk ist das *Mīmāmsā-Sutra* des Jaimini (2./3. Jh. n. Chr.)

4. **Vādavidyā** (= Wissenschaft der Diskussion): Diese auf Gotama (6. Jh. v. Chr.) zurückgehende Schule konzentrierte sich vor allem auf erkenntnistheoretische, logische und sprachwissenschaftliche Fragen. Die Erkenntnis hat vier Quellen: die alltägliche und yogische Wahrnehmung, das Schlussverfahren, die Analogie und die Bezeugung. Diese Methode wurde auf alle möglichen Fragestellungen angewendet, z. B. auch auf den Nachweis der Existenz Gottes *(Īshvara)* – und zwar als Wirkursache aller Dinge. Die Vorstellungen von der Notwendigkeit einer Befreiung von allen weltlichen Banden wird vorausgesetzt, und man beschreitet auf diese Weise den Weg des *Jnana*.

5. **Vaishesika** (= Wissenschaft der Unterscheidung): Im 6. Jh. parallel zur Schule der Diskussions- und Debattenführung von Kanānda begründet. Überlegungen über die klare Unterscheidung der verschiedenen Substanzen, Qualitäten und Tätigkeiten in der Natur sowie der Gemeinsamkeiten, Verschiedenheiten und Möglichkeiten einer Verknüpfung sowie diesbezügliche Erkenntnisse bildeten die Grundlage einer Kategorienlehre, mit deren Hilfe man auf den Wegen der Wahrnehmung und Schlussfolgerung zu beachtlichen Ergebnissen kam. Angewendet auf die ewigen allgegenwärtigen Seelen und die Unterscheidung von ihren Körpern, kam man zu interessanten Ergebnissen über das Wirken der Seele und Gottes *(Īshvara).* Er ist der Urheber der Offenbarungen, der Lenker bei der Entwicklung der Sprache und ermöglicht jede Art von menschlicher Kommunikation.

Yoga

Wie erwähnt entstanden auf dem Weg der Entwicklung des Jnāna-mārga bedeutende Denkschulen, die als Dardarshanas (= sechs Einsichten) bezeichnet werden. Fünf wurden bereits behandelt, der **sechste**, der **Yoga**, wird gesondert behandelt. Mit ihm ist im Zusammenhang mit den »sechs Einsichten« die systematische physische und geistige Disziplin gemeint, mit deren Hilfe die physische und geistige Energie und ihre Aktivitäten im Menschen so kontrolliert, aktiviert und harmonisiert werden, dass er befähigt ist, nach seiner geistigen Vollkommenheit zu streben. Die physische Seite nennt man *Hatha-Yoga,* die spirituelle Seite *Raja-Yoga.*

Von der Bedeutung und Entwicklung des Yoga in der Zeit der Veden und im Zusammenhang mit Sāmkhya und Vedanta war schon die Rede. Hier soll deshalb noch die klassische Systematisierung des Yoga nachgetragen werden, die *Patanjali* in seinem Yoga-Sutra vornahm. Wahrscheinlich ist gerade durch den Yoga die indische Spiritualität am meisten und nachhaltigsten im Westen verbreitet worden.

Patanjali definiert Yoga als *cittavrttinirōdha* (= Kontrolle und Beherrschung aller geistigen Aktivitäten). Darunter versteht er: die wahre Erkenntnis *(pramāna),* die irrtümliche Erkenntnis *(viparyaya)*, die Vorstellung, Einbildung oder Erfindung *(vikalpa)*, das Schlafbewusstsein *(nidrā)* und die Erinnerung *(smrti)*. Diese geistigen Aktivitäten können karmisch belastend wirksam werden (als Unwissenheit, Egoismus, Anhänglichkeit, Abneigung und instinktives Festhalten am Leben) und lassen sich nur durch beständige Bemühung um Loslösung beseitigen:

Die Schau der unterscheidenden Erkenntnis, die nicht mehr in die Irre geht, ist der Weg, das Nichtwissen aufzugeben. Die Weisheit, die aus dieser unterscheidenden Erkenntnis entspringt, erstreckt sich auf sieben Stufen des achtgliedrigen Yoga. Wenn die Unreinheit geschwunden ist durch die Ausübung der acht Yoga-Glieder leuchtet die Erkenntnis auf bis hin zur Schau der Unterscheidung, äußere und innere Disziplin, Körperhaltung, Atemregelung, Zurückhaltung der Sinne, Konzentration, Meditation und Versenkung sind die acht Aspekte des Yoga. (Yoga-Sutra, II,26–29)

Patanjali hat mit dieser unterscheidenden Erkenntnis *(viveka)* einen ganz neuen Lebensstil ins Dasein gerufen, die yogische Lebensweise *(yoga-anga-anusthāna)*, welche die verkehrte Weltanschauung des Menschen wieder zurechtrückt. Wer sich nicht für die yogische Lebensweise entscheidet, bleibt in der Unwissenheit, was ihn unvermeidlich in endloses Leid, Elend und Chaos führt und schließlich zur Bedrohung des menschlichen Lebens auf diesem Planeten ausartet. Wer sich auf den Yoga-Weg begibt, macht eine radikale Verwandlung in seinem Geiste durch. Und dies ist notwendig, weil eine fragmentarische Änderung nicht genügt, um den Menschen aus seiner selbstmörderischen und mörderischen Situation zu befreien. Er unterscheidet acht Glieder *(astānga)* oder Stufen der Yogapraxis:

1. **Yama** (= Selbstbeherrschung; *äußere* Disziplin) – besteht in *ahimsa* (keinem Lebewesen in Gedanken Worten und Werken Leid zufügen), *satya* (Wahrhaftigkeit in Gedanken, Worten und Werken), *asteya* (Nicht-Stehlen), *brahmacarya* (Enthaltsamkeit und volle Kontrolle der sexuellen Leidenschaften), *aparigraha* (Nicht-Besitz und Nicht-Erwerb von Gütern):

*Wenn man in der Gewaltlosigkeit (*ahimsa*) fest gegründet ist, schafft man eine Atmosphäre des Friedens, und alle, die in die Nähe kommen, geben die Feindschaft auf. Wenn* *man in der Wahrhaftigkeit (satya) fest gegründet ist, schafft man eine Grundlage für die Reifung der Taten. Wenn man im Nicht-Stehlen (asteya) fest gegründet ist, kommen einem alle Schätze von selbst zu. Wenn man im reinen Lebenswandel (brahmacarya) fest gegründet ist, erlangt man große Kraft. Wenn man im Nicht-Besitzergreifen (aparigraha) fest gegründet ist, erkennt man das Wesen des Lebens.* (Yoga-Sutra II, 35–39)

2. **Niyama** (= Zucht; *innere* Disziplin) – besteht in *shauca* (innerliche und äußerliche Reinheit in Gedanken, Worten und Werken), *samtosa* (Zufriedenheit), *tapas* (Genügsamkeit), *svadhyāya* (Studium der Schrift), *īshvarapranidhāna* (intensive Gottesverehrung durch Erfahrung von Gnade):

Aus der Übung der Reinheit (shauca) *entsteht eine Abneigung gegen den eigenen Körper und gegen die Berührung mit anderen Körpern. Sie führt auch zur inneren Reinheit, Güte, Konzentration, Beherrschung der Sinne und macht einen fähig zu Schau des eigenen Selbst. Aufgrund der inneren Ruhe* (samtosa) *erlangt man unübertreffliche - Freude. Die Askese führt zur Beherrschung von Körper und Sinnen, weil die Unreinheiten beseitigt werden. Durch eigenes Studium* (svadhyāya) *entsteht eine Verbindung mit der erwählten Gottheit. Durch Hingabe an Gott* (īshvarapranidhāna) *erlangt man die vollkommene Versenkung.* (Yoga-Sutra II, 40–45)

3. **Āsana** (= Sitzhaltung) – besteht in einer neuen Sicht des Körpers als eines wunderbaren Organismus, der die richtige Haltung einnehmen muss, um ohne Anstrengung in steter Ruhe und Gelassenheit ausharren zu können, ohne vom Fluss der Zeit oder von Ungeduld belästigt zu werden. Dies ist deswegen so wichtig, weil die *Sthiti* (= Beharrlichkeit) ein Wesensbestandteil der drei Energien der Natur ist und erst die Harmonie mit der umgebenden Welt ermöglicht, der Voraussetzung für das reine Schauen. Die von Yoga-Lehrern des *Hatha-Yoga* vorgeschriebenen *Yoga-Asanas* (= Stellungen) haben keine Entsprechung im Yoga-Sutra und im Yoga-System des Patānjali. Sie haben einen gewissen therapeutischen Wert, aber keinen spirituellen.

Die Sitzhaltung soll fest und angenehm sein. Diese Sitzhaltung soll man in völliger Entspannung und in einem Zustand der Betrachtung des Unendlichen einnehmen. Daraus ergibt sich eine Unempfindlichkeit den Gegensatzpaaren (wie Hitze und Kälte usw.) gegenüber. (II,46–48).

4. **Prānāyāma** (= Atemkontrolle) – sie besteht in bewusster Trennung von Einatmen und Ausatmen. Eine bewusste Kontrolle des im Alltag völlig automatisch vor sich gehenden »Luftholens« und die Entdeckung der Wichtigkeit von dazwischen liegenden verschieden langen Pausen trägt entscheidend dazu bei, den Geist unter Kontrolle zu bringen. Patanjali unterscheidet vier Art des Prānāyāma: bei der Pause nach dem Ausatmen ist die Erfahrung anders als bei der Pause nach dem Einatmen; die Länge des Ausatmens kann verschieden gestaltet werden; in den Pausen empfindet man eine Leere, in der man jegliches Interesse an Maßen und gemessenen Dingen verliert:

Wenn man in der Körperhaltung feststeht, folgt die Atemregelung, die ein Innehalten im Rhythmus von Ein- und Ausatmen ist. Die Atemregelung besteht in den Vorgängen des Ausatmens, Einatmens und Anhaltens, und sie ist lang oder subtil, wenn Ort, Dauer und Zählung beobachtet werden. Die vierte Form der Atemregelung übersteigt die äußeren und inneren Gegenstände. Dadurch wird der Schleier, der die innere Erleuchtung bedeckt, entfernt. Es entsteht eine Fähigkeit zur Konzentration des Denkens. (II,49–53)

5. **Pratyāhāra** (= Sinneskontrolle) – sie bedeutet den Abzug der Sinne von den Sinnesobjekten; daraus entsteht eine vollkommene Beherrschung der Sinne. Pratyāhāra ist ein Bewusstseinszustand des gesamten psychosomatischen Organismus, in dem die natürliche Neigung der Sinne, sich um ihre Objekte zu kümmern, und Erfahrungen *(bogha) der objektiven Welt zu vermitteln,* im Geist zum Stillstand kommt. Diese Ruhe der Sinne zeugt von der Herrschaft des Geistes, der nicht mehr Informationen haben will, sondern an Befreiung *(moksha)* interessiert ist:

Einige Hatha-Yoga-Stellungen. Links oben: Diamantsitz (Vajrasana); links Mitte: Zwei Füße am Kopf (Dvipada Kandharasana); links unten: Hahn (Kukkutasana); rechts oben: Goraksa-Sitz (Goraksasana); rechts unten: Vollkommener Sitz Iddhasana).

Wenn die Sinne sich von ihren Objekten zurückziehen, und sozusagen in das Eigenwesen des Geistes eingehen, so heißt dieser Zustand das »Zurückhalten der Sinne«. Daraus entsteht eine vollkommene Beherrschung der Sinne. (II,54–55)

6. **Dhāranā** (= Konzentration) – sie bedeutet die volle Konzentration des Geistes auf eine bestimmte Stelle (z. B. das Herz-Chakra, die Nasen- oder Zungenspitze) – aber auch auf ein Gottesbild, das vor einem hängt. Patanjāli nennt Gott *Īshvara* (= Herr) und gesteht zu, dass die Konzentration auf Īshvara bei manchen Yogis den Prozess der Erlösung beschleunigt. Īshvara kann allerdings nur dann einem Menschen zu Hilfe kommen, wenn dieser bereits den Yoga-Weg geht und auf ihm fortgeschritten ist. Dann kann er ihm helfen, wenn er als Objekt der Konzentration erwählt wird, den *Samadhi* zu erreichen. Dies ist deshalb möglich, weil sich die Strukturen Īshvaras und des fortgeschrittenen Yogi gleichen. Der Unterschied liegt darin, dass Īshvara niemals von den Schmerzen und Unreinheiten irdischer Existenz betroffen war. Frömmigkeit, Opfer oder Rechnen mit Gnade kann dabei nicht weiterhelfen, weil es hier um die Entwicklung des Selbst durch wahre Erkenntnis geht.

Patanjāli griff in allem auf Erfahrungen der Yogis zurück – also auch auf jene, die auf dem Weg der Hingabe an Īshvara den Samādhi erreichten. Neben der Tradition eines magischen (atheistischen) Yoga existierte eben auch eine mystische (theistische) Tradition, bei welcher die drei letzten Etappen (= Sammlung; *samyama)* mit Hilfe Gottes (allerdings nur in dieser speziellen Vorstellung und Hinsicht!) zurückgelegt werden konnten. Īshvara ist sozusagen der Prototyp des Yogi und in urvordenklichen Zeiten schon der *Guru* (= Meister) der Yogis gewesen.

Diese Konzentration bedeutet eine Verlangsamung auch der Aktivität des Geistes – nachdem durch das Sitzen die Beharrlichkeit gefördert und durch Atmungs- und Sinneskontrolle die Aktivität des Körpers gebremst wurde. Dadurch fallen fast alle zeitlichen Hüllen des Geistes, und *Prakasha* (= Erleuchtung) kann sich auswirken, indem sich der Geist nicht mehr mit der äußeren Wirklichkeit beschäftigt, sondern mit der dieser Objektwelt zugrunde liegenden Wirklichkeit, die er zunächst als weiten Raum *(desha)* erfasst, in dem er sich aufhält, um die Leere *(shūnyatā)* zu erleben: *»Das Festhalten des Bewusstseins in der Leere des Raumes ist Konzentration.«* (Yoga-Sutra III,1)

7. **Dhyāna** (= Meditation) – sie besteht in einer Spezialform der Meditation, die nur dann zustande kommt, wenn die Zeit durch den Wegfall aller anderen Erfahrungen, die über die Sinne gehen, zum Stillstand kommt und reines Erfahren ohne einzelne (sinnliche) Erfahrungen geschieht. Solche Meditation und Erfahrung unterscheidet sich von allen anderen dadurch, dass sie sozusagen in das Wesen der Dinge eindringen und sie sich so gewissermaßen magisch aneignen. *Dort, in dieser Konzentration, ist das Einstimmen in einen einzigen Erfahrungsakt Meditation.*

8. **Samādhi** (= Versenkung) – sie ist eigentlich keine weitere Yoga-Übung mehr, sondern *das Ziel.* Ausgehend von der Konzentration und der besonderen Meditation, erlangt der Yogi die volle Klarheit über die Welt, wie sie ist. Sie ist demnach das Gegenteil einer Ekstase: nämlich Enstase *(asamprajnāta),* bei der »die Eindrücke aller vorangegangenen mentalen Funktionen zerstört werden und sogar den Kräften des Karma Einhalt geboten wird, welche der Yogi durch vergangene Aktivitäten verursacht hat. Im Samādhi findet der Bruch zwischen den Ebenen statt, dessen Realisierung Ziel der Inder ist und der im paradoxen Übergang vom Erkennen zum Sein besteht.« (M. Eliade) In diesem Stadium erwirbt der Yogi wunderbare Kräfte *(siddhi),* die im III. Teil des Yoga-Sūtra angeführt werden:

> *Wendet man die Sammlung* (Konzentration, Meditation, Versenkung) *auf die drei Verwandlungen* (Ruhe = Vergangenheit, Erwachen = Gegenwart, Nicht-zu-Benennendes = Zukunft) (III,14) *hin, so entsteht ein Wissen von Vergangenem und Zukünftigem.* (III,16
>
> *Durch die unmittelbare Erfahrung der unterbewussten Eindrücke erlangt man Wissen von den früheren Existenzen.* (III,18
>
> *Wendet man die Sammlung auf die Erfahrung hin, so erlangt man Wissen von den Gedanken anderer.* (III,19

Wendet man die Sammlung auf die Erscheinung des Körpers hin, so wird die Kraft, die ihn wahrnehmbar macht, gebannt und die Verbindung zwischen dem Auge und dem Licht unterbrochen, und er wird unsichtbar. I (III,21

Weitere solche Psi-Kräfte sind Vorherwissen des eigenen Todes, ungeheure physische und psychische Kräfte, Telepathie, Visionen, Auditionen, astronomische und astrologische Einsichten, Verschwinden von Hunger und Durst, intuitive Erkenntnis, Austritt aus dem eigenen und Eintritt in andere Körper, Elevation, Astralreisen, Beherrschung der materiellen Welt usw. Menschen – sowie Dämonen und Götter – können auf diese Weise so mächtig werden, dass sie das gesamte Universum bedrohen. Deshalb locken die Götter die Yogis mit himmlischen Freuden und göttlichen Eigenschaften – die aber noch weit von der absoluten Freiheit entfernt sind.

Der Yogi muss lernen, solche Versuchungen zu erkennen und zurückzuweisen, die nur für Unwissende begehrenswert sind. Daraus ergibt sich, dass der Yogi die magischen Kräfte nie zur Demonstration seiner Macht oder zu anderen niederen Zwecken anwenden darf, sondern nur zum Erlangen der endgültigen Erlösung. Was im normalen Wachbewusstsein Ausdruck der wachsenden Vervollkommnung *(siddhi)* ist, ist im Samādhi Hindernis auf dem Weg zur Vollkommenheit.

Ein Yogi ist daher im Zustand der Versenkung nicht einfach in ***Trance***, sondern er ist in einem Zustand der völligen Abwesenheit von Objekten im Bewusstsein – was nicht ident ist mit einem absolut geleerten Bewusstsein, denn »das Bewusstsein ist im Samādhi von einer direkten und vollkommen intuitiven Erfassung des Seins gesättigt«. (M. Eliade)

Man darf sich daher *Nirodha* (= endgültiges Aufhören jeder psychomentalen Erfahrung) nicht als Nicht-Existenz vorstellen, sondern als »Stütze für einen besonderen Zustand des Geistes«. Der Yogi lebt in diesem Zustand als Lebend-Erlöster nicht mehr unter der Herrschaft der Zeit, sondern in einer ewigen Gegenwart und undifferenzierten Fülle – *vor* der Subjekt-Objekt-Spaltung.

Samādhi ist daher ein paradoxer Zustand (d. h. man bedarf zu seinem Verständnis der Einsicht in eine höhere Wahrheit – bei der man dem mystischen Phänomen der coincidentia oppositorum = Zusammenfallen der Gegensätze begegnet). Es handelt sich dabei aber nicht um eine Rückkehr (Regression) in das ursprünglich Ununterschiedene, sondern um den Zustand des Überbewusstseins in der Erkenntnis von Einheit und absoluter Freiheit in der Glückseligkeit.

Hier trifft sich der klassische Yoga des Patanjāli mit der radikalen *Nirvana*-Lehre des Buddha (siehe in DER GLAUBE DER BUDDHISTEN) – blieb aber im GLAUBEN DER HINDU nicht der einzige und letzte Weg zur Erlösung.

Laya-Yoga ist eine weitere Form des Yoga, die vom Tantrismus entwickelt wurde, der ab der spätvedischen Zeit alle indischen Religionen, Systeme und Kulte beeinflusst und mitgeprägt hat. Der **Tantrismus** (= System magischer Formen) vertritt eine symbolische Sicht der materiellen, psychischen und geistigen Wirklichkeit, die erst in der Wirklichkeit Gottes ihre Wahrheit offenbart.

Der tantrische **Laya-(= Auflösungs)-Yoga** konzentriert sich auf die spirituelle Kraft des Menschen, die man sich wie eine Schlange *(kundalini)* zusammengerollt am unteren Ende der Wirbelsäule im *Muladhara* (= Basis-Chakra) vorstellt und die man in dieser Vorstellung eng mit *Pārvatī*, der Shakti Shivas, verbindet. Diese Kraft wird durch die systematische Übung des Yoga – vor allem durch die Aktivierung der 6. bis 8. Stufe unter Anleitung eines Gurus, der in das Erreichen des Samādhi eingeweiht ist – geweckt und von Chakra zu Chakra (Chakren kann man sich am besten als Kraftzentren vorstellen, in denen materielle, seelische und geistige Energie gebündelt ist) aufsteigend nach oben geführt wird, zum 7. Chakra über dem Scheitel, wo sich die spirituelle Kraft des Yogi (geführt von Pārvatī) mit Shiva vereinigt. Diese Vereinigung führt zum *Samādhi* (= Versenkung und Erleuchtung), d. h. zur vollen Entfaltung der spirituellen Potenz des entwickelten Menschen, und schließlich – bei bleibender Verbundenheit – zur Erlösung.

(1) *Erde*: Basis-Lotus (Muladhara) – vierblättrig
(2) *Wasser*: Becken-Lotus (Svadhistana) – sechsblättrig
(3) *Feuer*: Nabel-Lotus (Manipurā) – zehnblättrig
(4) *Luft*: Herz-Lotus (Anahata) – zwölfblättrig
(5) *Äther*: Kehle-Lotus (Vishuddha) – sechzehnblättrig

(6) *Bewusstsein*: Augenbrauen-Lotus (Ajna) – zweiblättrig
(7) *Reines Bewusstsein*: Scheitel-Lotus (Sahasrara) – tausendblättrig

Der **Guru** (= der Ehrwürdige, Meister) führt seinen Schüler bis zu dem Punkt, wo er lernt, das Atmen *(Prana)* von den gewohnten Wegen abzuleiten und zu konzentrieren, damit es die Kundalini erweckt und sich ihrer Energie bedienen kann.

Die Chakras entsprechen tatsächlich bestimmten Plexusgeweben des Nervensystems bzw. bestimmten Drüsen, so dass diese für westliches Verständnis ungewöhnliche Physiologie-Deutung auch eine reale Begründung hat.

Überblick über die verschiedenen Yoga-Wege

Tapas-Yoga: Weg des Entsagens, der Askese, des Einsiedlers und Weltüberwindens.
Bhakti-Yoga: Weg der Hingabe als Gotterfüllter im Überschwang geistlichen Entzückens über die Wirklichkeit Gottes, dem man sich voll Vertrauen überantwortet.
Mantra-Yoga: In ständiger Wiederholung eines heiligen Namens (Om, *Rare Krishna* o. ä.) versucht der Yogi seinen Geist mit Gott zu vereinen. Man unterscheidet hier noch *Yantra-Yoga* (Bildsymbole), *Ajapa-Yoga* (unwillkürliche Wiederholung heiliger Silben beim Atmen), *Japa-Yoga* (willentliche Wiederholung heiliger Silben).
Tantra-Yoga: Der Fromme sucht Gott auf dem Weg des Verlangens, wenn er die körperliche Liebe vergeistigt.
Karma-Yoga: Der Weg des selbstlosen Dienens und Wirkens: Man will Gott im Nächsten begegnen.
Jnana-Yoga: Der Weg des Wissens, der in hohen Gedankenflügen Gott meditiert und dem Menschen die eigene Natur entschleiert.
Hatha-Yoga: Der Weg der Körperbeherrschung, wenn der Mensch seinen Körper zum willigen und gefügigen Werkzeug der Seele macht – dazu gehören die Atembeherrschung, die Beherrschung der 84 *āsanas* (= Körperstellungen) und die Reinigung der äußeren und inneren Organe.
Raja-Yoga: Der Weg der Selbstmeisterung des Mystikers, der die zwölf Yoga-Gebote erfüllen lernen muss (Gewaltlosigkeit,

Wahrhaftigkeit, Nichtstehlen, Keuschheit, Besitzlosigkeit, Sauberkeit, Genügsamkeit, Einschränkung, Selbsterforschung, Schriftstudium, Gottergebenheit, Konzentration), ehe er Versenkung in Gott (samādhi) erreichen kann.

Bhakti-mārga (= Weg der Gottesliebe)

Sowohl der Weg der Selbsterlösung wie der Weg der Erkenntnis sind anspruchsvolle Wege, die den einfachen, mit dem täglichen Überlebenskampf beschäftigten indischen Menschen meistens beträchtlich überfordern. So entwickelte sich als Alternative ein für jeden zugänglicher religiöser Weg, der eine weitere wesentliche Komponente im Glauben der Hindus darstellt und bis heute sowohl äußerlich wie innerlich die hinduistische Religiosität deutlich prägt.

Das Wort **Bhakti** kommt von *bhaj = teilen* und wird sowohl transitiv wie intransitiv verwendet, so dass es sowohl Teilhabe wie Zuteilung – beides auf die Beziehung zu Gott angewendet – bedeuten kann. Durch bedingungslose Hingabe (worin auch etwas vom Geist der Selbsterlösung wirksam ist) wird der Mensch der göttlichen Gnade teilhaftig und überwindet in der Liebe zu ihm alle Distanz – aber eben nur zum Teil aus eigener Kraft, denn Gott kommt nach dem Maße seiner Hingabe auf den Menschen zu und teilt ihm in seiner Gnade das zu, was der Mensch zu realisieren trachtet: die teilhabende Beziehung zu Gott.

Dieses Aufeinander-Zugehen von Mensch und Gott überwindet die Trennung von Ātman und Brahman in der Glut der Liebe. Die tragende Kraft dieser Gottesbeziehung sind die emotionalen Kräfte des Menschen, also jene Dynamik, die den Menschen an die Welt bindet. Liebe bedeutet hier die treue Verehrung und Hingabe, eine inbrünstige Gewogenheit und Anbetung sowie das Bestreben, mit dem Objekt dieser Hingabe eins zu werden bzw. die aufgrund der Schöpfung bestehende Verbindung bewusst zu verwirklichen und vom Urgrund des Seins anzunehmen.

Diese Selbsthingabe setzt einen reinen Lebenswandel *(caryā)* voraus, gottbezogenes Handeln *(kriyā)* – Gaben, Gebet, Ritualteilnahme, Studium bei einem Guru – Meditation *(yoga)* und erlösende Erkenntnis *(jnāna)*. Man sieht deutlich,

Hochzeit des Götterpaars Shiva und Parvati. Steinrelief aus dem 8. Jh. n. Chr.

dass hier auch die anderen Erlösungswege – zumindest teilweise – integriert werden. Nur bei der Zielvorstellung gibt es die entscheidende Veränderung bzw. Abkehr vom radikalen Ich-Verlust, da in vielen Gruppierungen und vor allem in der bhaktisch orientierten Volksfrömmigkeit nicht mehr die *Iden-*

tität oder *Verschmelzung* des Individuums mit der Gottheit angestrebt wird, sondern die *Vereinigung* unter *Beibehaltung der Individualität*.

Die Anfänge der Verwendung des Begriffs Bhakti reichen in die Zeit der jüngeren Upanishaden (4. Jh. v. Chr.) zurück (z. B. *Shvetashvatara-Up. 6,23)* und finden sich vor allem in südindischen Gruppierungen der *Vishnuiten* bzw. *Shivaiten* (zwischen 3. Jh. v. Chr. bis 3. Jh. n. Chr.). Da diese aber in der Tamil-Sprache abgefasst sind, war ihre Verbreitung beschränkt; sie wurden erst ab dem 8. Jh. n. Chr. durch Kommentare der in Sanskrit schreibenden klassischen Meister überall verbreitet, z. B. im weit verbreiteten *Bhāgavatapurāna* aus dem 9. Jh. n. Chr. Dasselbe gilt für die Liebeslyrik Jayadevas, die durch die große Verbreitung seiner *Gītāgovinda* die Haltung der Bhakti allgemein bekannt gemacht hat.

Die Religion des klassischen Hinduismus

Die »Lieblingsbibel« der Hindus (Bhagavad-Gītā)

Der amtliche Name des modernen Indien ist **Bharat**. Das geht zurück auf das Nationalepos *Mahābhārata*, in dem am Beispiel der legendären Bhārāta-Dynastie (im westlichen Yamuna-Ganga-Tal) der Glaube der Hindu seinen klassischen Ausdruck gefunden hat: Zwei rivalisierende Familien (die Pandavas und die Kauravas) bekämpfen einander – es geht um die politische Vorherrschaft. Am Vorabend der entscheidenden Schlacht erscheint der Gott *Krishna* (= die achte Inkarnation Vishnus) dem nachdenklichen Krieger *Ardschuna*, der sich Gedanken macht, welchen Sinn eine solche Schlacht haben soll, in der so viele Menschen ihr Leben verlieren werden, und erklärt ihm die tieferen Zusammenhänge.

Dieser Teil des großen Epos ist die **Bhagavad-Gītā** (= der Gesang des Erhabenen), in deren 700 vierzeiligen Strophen der Glaube der Hindu in faszinierender Weise zusammengefasst wird. ***Mahatma Gandhi*** konnte sie auswendig und sagt über sie:

> *In der Bhagavatgītā finde ich einen Trost, den ich selbst in der Bergpredigt vermisse. Wenn mir manchmal die Enttäuschung ins Antlitz starrt, wenn ich, verlassen, keinen Lichtstrahl erblicke, greife ich zur Bhagavadgītā, und bald finde ich hier und dort eine Strophe, die mich lächeln lässt inmitten aller niederschmetternden Tragödien. Wenn sie alle keine sichtbare, keine untilgbare Wunde auf mir hinterlassen haben, verdanke ich dies den Lehren der Bhagavadgītā.*

Aldous Huxley meint in seinem Vorwort zu einer englischen Ausgabe:

> *Die Gītā ist eine der klarsten und reichhaltigsten Zusammenfassungen der philosophia perennis, die je gemacht worden sind. Daher ihr andauernder Wert, nicht nur für die Inder, sondern für die ganze Menschheit.*

So bietet dieser Text auch einen Zugang zum Verständnis des hinduistischen Gottesglaubens und Menschenbildes:

> *Das unzerstörbare ewige Selbst (Krishna zu Ardschuna)*
> *Das Nichtseiende kann nicht sein, das Seiende kann nicht aufhören zu sein.*

Die Wahrheitssucher haben den Schluss aus diesen beiden entdeckt.
Wisse, dass unzerstörbar ist, von dem das alles durchdrungen wird.
Niemand kann die Zerstörung dieses Unwandelbaren bewirken.
Ein Ende haben die Körper, unzerstörbar und unfassbar aber ist das Ewige,
welches in diese Körper eingegangen ist.
Darum kämpfe, o Bharata (= Ardschuna)!
Wer aber denkt, er tötet, wer glaubt, er werde getötet, sind beide im Irrtum.
Nicht tötet dieser eine, noch wird er getötet.
Nicht wird er geboren noch stirbt er jemals.
Ins Sein gelangt, wird er nicht wieder aufhören zu sein.
Er ist ungeboren, ewig, dauerhaft und uralt.
Er wird nicht getötet, wenn der Körper getötet wird.
Wer ihn als unzerstörbar und ewig, ungeboren und unvergänglich kennt,
wie könnte ein solcher Mensch, o Partha (= Ardschuna),
irgendeinen töten, irgendeinen töten lassen?
Wie ein Mann abgetragene Kleider ablegt und andere, neue anzieht,
so legt auch die Seele die abgetragenen Körper ab und geht in andere, neue, ein.
Nicht spalten ihn die Schwerter, nicht brennt ihn das Feuer, nicht benetzen ihn die Wasser, nicht trocknet ihn der Wind.
Er kann nicht gespalten, verbrannt, nicht benetzt und nicht ausgetrocknet werden.
Er ist ewig, allgegenwärtig, unwandelbar, unbeweglich, immerwährend.
Er wird unoffenbar, undenkbar, unveränderlich genannt.
Darum sollst du nicht klagen, nachdem du ihn als solchen erkannt hast.
Deine Aufgabe liegt allein im Handeln, nicht in dessen Früchten.
Lasse nicht die Früchte deines Tuns deinen Beweggrund sein; ergib dich nicht der Untätigkeit.«
(Bhagavad-Gītā II, 16–25.47)

Krishna über sich selbst

Obgleich ich aller Wesen Herr und ungeboren, wandellos,
geh oft durch meine Wunderkraft ich ein in einen Mutterschoß.
Stets, wenn Verbrechen sich erhebt und Frömmigkeit zu wanken droht,
erschaffe ich mich selbst erneut durch meines Willens Machtgebot.
Ich schütze den, der tugendhaft, vernichte aller Bösen Brut,
in jedem Weltenalter neu begründe ich, was recht und gut.
Wer wahrhaft kennt mein göttlich Tun und dies mein göttliches Entstehen:
Erlöst von der Geburten Pein, wird er im Tode zu mir gehen.
Von Zorn, Furcht, Leidenschaft befreit, mir ähnlich, ehrend mich allein,
geläutert durch die Wahrheit ging schon mancher in mein Wesen ein.

(Bhagavad-Gītā IV,6–10. Nachdichtung R. Boxberger, 1955)

Der klassische Hinduismus bietet eine Synthese des pantheistisch-monistischen Absoluten der älteren Upanishaden und des Glaubens an den höchsten Gott der Veden bzw. der jüngeren Upanishaden. *»In mir sind alle Wesen, nicht aber bin ich in ihnen beschlossen«*, sagt Krishna in der Bhagavad-Gītā (IX, 4) und lässt damit ein Verständnis Gottes erkennen, das man am besten *Panentheismus* nennt (= alles ist in Gott). Zugrunde liegt der vedische Urmythos von *Vac* (= Prinzip der werdenden Welt) und *Purusha* (= Urprinzip des statischen Seins), die sich verbinden und alles in der Welt hervorbringen, wobei Vac *brahman* und Purusha *ātman* zugeordnet wird:

Höheres als dieses gibt es nicht zu wissen: Wenn man den Genießer (Purusha = Atman), das Genossene (die Welt als Schöpfung der Vac = Prakriti = Shakti = Maya) und den Anreger (Urpurusha = Gott) erkannt hat, ist hiermit alles gesagt. Das ist das dreifache brahman.

(Shvetāshvatara-Upanishad 1, 12)

Die hinduistische Theologie erkennt die prinzipielle Einheit Gottes an, versteht ihn aber unter sehr verschiedenen Aspekten, die es erlauben, die Verschiedenheiten in der Einheit zu sehen: Gott ist transzendent (para), verkörperlicht *(vibhava)*, verkörpert *(avatāra)*, innewohnend als individuelle Seele *(antaryāmin)*, anwesend im Götterbild *(arcā)* oder die Welt aus sich heraus schaffend *(srsti)*.

Diesem sehr dominierenden Gottesbild des im freien Spiel *(lilā)* schaffenden unbegreiflichen Gottes entspricht als Verhalten des Menschen blindes Vertrauen auf Gottes Güte in absoluter Hingabe an seinen Willen (*bhakti*):

Die mit mir durch Hingabe sich verbinden, sind in mir, und ich bin in ihnen … Die Mühe ist größer für jene, deren Sinn am Ungeoffenbarten hängt, denn das ungeoffenbarte Ziel wird von den Menschen nur schwerlich erreicht. Diejenigen aber, welche alle Werke auf mich beziehen, nur an mir hangen, mit unablenkbarer Hingabe meditieren, mich verehren, solchen, deren Gedanken auf mich gerichtet sind, werde ich alsbald zum Erretter aus dem Ozean des Todes und dem Samsāra. (Bhagavad-Gītā IX, 29; XII, 5–7)

Besonders bei den vishnuitischen Sekten ist diese *Haltung* der Hingabe *(bhakti)* die Quintessenz der Religion – sie ist aber auch sonst für das Verhältnis des Menschen zu Gott wichtig. Der shivaitische Tamil-Dichter *Appar* betet:

Du bist alles für mich, du bist meine Familie, mein Freund, mein Haus, mein Leben und meine Freude. O Reichtum, Schatz, o strahlendes Licht … mein Körper, meines Körpers Herz, Geheimnis meines Wesens, mein Auge, mein Augenstern, mein Augenglanz, o Herr, beschütze mich vor Leiden der Sünden.

Daraus ergibt sich, dass hier nicht die Taten des Menschen wichtig sind, ob sie gut oder böse sind, sondern wichtig ist einzig und allein, ob sie uneigennützig geschehen. Nur die Taten haben Wert, die Gottes Absicht erfüllen wollen und menschliche Ziele nicht als Motive nehmen: »*Wer um meinetwegen handelt, mich als Höchstes schätzt, mich liebt, vom Hang zur Welt frei ist und ohne Feindschaft gegen irgendein Wesen, der gelangt zu mir*«, sagt Krishna. (Bhagavad-Gītā XI, 55).

Der Kult und die vielfältigen Riten *(puja)* des Hinduismus sind sehr vielschichtig und kaum mit dem Mehrgottglauben (*Polytheismus*) anderer Religionen zu vergleichen, weil es sich eher um Meditationssymbole handelt als um individuelle, anthropomorph vorgestellte Gottheiten, wenn von verschiedenen Göttern die Rede ist. Die vielfältigen Gestalten erlauben es jedem Gläubigen, seinem persönlichen religiösen Gefühl konkreten Ausdruck zu verleihen.

Im Hinduismus sind aber unzählige Kultarten verschmolzen: Eingottglaube, monotheistische Sehnsucht – ererbter Polytheismus und Identifizierung ursprünglich verschiedenartiger Gottheiten unter einem einzigen religiösen Namen. Es gibt im Grunde genommen nur ganz wenige īshvaras (= alleinige Götter), die meisten anderen sind diesen wenigen zugeordnet.

Vishnu (= der Alldurchdringende)

Im Rigveda und in der vedischen Religion ist **Vishnu** noch eine eher unbedeutende Gottheit. Er übernimmt aber später die Funktionen *Indras* und anderer Gottheiten und Heroen – und noch später auch die des mythisch-philosophisch definierten *Prajāpati-brahman.* Im Mahābhārata wird Vishnu mit dem *Menschensohn* (Vishnu-Nārāyana) identifiziert und als ursprünglicher Purusha oder als dem Urwasser entstammend vorgestellt. Seitdem ihn die Bhagavadgitā mit *Krishna-Vāsudeva* und das Rāmāyana mit *Rama-Chandra* identifizierte, gilt er sehr vielen Hindus als der Allgott, zugleich grausam *(ugramūrti)* und wohlwollend, Welterhalter und Erlöser, dem gegenüber die Haltung der *bhakti* geübt wird. »Er verkörpert das Prinzip der Welterhaltung; immer wenn die Menschheit in Gefahr ist, durch böse Mächte dem sittlichen Verderben anheim zu fallen, erscheint er in Tier- oder in Menschengestalt, um sie zu retten.« (Heinrich von Glasenapp)

Von den *Ālvārs* (6.–10. Jh. n. Chr.) wurde die zuerst nur in Nordindien übliche Verehrung auch in Südindien populär gemacht, indem die lokalen Götter, die in den Tempeln verehrt wurden, als Manifestationen Vishnus angesehen wurden: »Im innersten Raum jedes Tempels befindet sich ein Bild der Hauptgottheit, während vielleicht andere Altäre zu Ehren der kleineren Gottheiten den Hauptaltar umgeben. Das tägliche

Ritual besteht darin, dass man das Bild wie einen lebenden Menschen behandelt. Vor Sonnenaufgang wird der Gott mit leiser Musik geweckt, er wird gebadet, oft dadurch, dass man ein Spiegelbild wäscht, dann gekleidet und bereit gemacht für die Begegnung mit den Pilgern des Tages. Zweimal täglich werden Mahlzeiten gereicht, und vor Sonnenuntergang wird ihm noch einmal eine leichte Erfrischung verabreicht, schließlich kleidet man ihn um, und er zieht sich für die Nachtruhe zurück.« (J. A. Hardon)

Bei den *Vishnuiten* liegt Vishnu schlafend auf dem Ozean (= Bild des Chaos) oder auf der tausendköpfigen Schlange ***Anānta*** (= Unendlichkeit) und meditiert über das neue Weltall, das er senden wird, wenn das jetzige vergeht. Beim Erwachen sprießt aus seinem Nabel ein Lotus, in welchem sich der Gott *Brahmā* befindet, der die neue Welt schafft. Er wird oft mit einem blauen Körper als stehender junger Mann mit hoher Mitra dargestellt, der in gelbem Gewand, einen Blumenkranz mit Edelsteinen um den Hals, auf einem Lotus oder auf ***Garuda*** (= mythologisches Tier mit Flügeln und Kopf eines Vogels, Körper, Armen und Beinen eines Menschen) sitzt.

Er hat viele Namen, die ihn als höchsten Gott ausweisen, z. B. *Bhagavan* (= Erhabener) oder *Purusonama* (= höchster Geist) – später wird er oft auch *Hari* genannt (dargestellt mit vier Armen und den Attributen Muschelhorn, Diskus, Keule und Lotus).

Bedeutsam sind in diesem Zusammenhang seine zehn ***avatāras*** (= Herabsteigungen), von denen gerade die Rede war:

1. Als Fisch (**Matsya**), der den Manu und seine Nachkommen vor der Sintflut rettet. (Shatapatha-Brahmana 1; 8,1–6)
2. Als Schildkröte (**Kurma**). Um die Kostbarkeiten und das Ambrosia, das bei der Sintflut verloren gegangen war, zu retten, wirbelten die Götter den Ozean auf; dabei diente Kurma als Unterlage für den mythischen Berg Mandara.
3. Als Eber (**Varāha**) hebt Vishnu die vom Dämon Hiranyaksa in den Ozean versenkte Erde wieder empor.
4. Als Mannlöwe (**Nara-Simha**) rettet Vishnu Prahlada, den Sohn des Dämonen Hiranyakashipu, und tötet letzteren.
5. Als Zwerg (**Vāmana**) überlistet er den Dämonenenkel Bali, entreißt ihm das bereits verloren scheinende Weltall und gewinnt es für die Götter zurück.

6. Als Held **Parashu-Rāma** (= Rāma mit dem Beil) befreit er die von den Kshatriyas bedrückte Welt.
7. Als **Rama** und
8. **Krishna** tritt er in Gestalt der beiden bekanntesten indischen Helden auf (vgl. Mahābhārata, Bhagavad-Gītā und Rāmāyana). Krishnas Leben im Wald, von Hirten erzogen, bewegt sich zwischen Kämpfen mit Dämonen und Liebesspielen mit Hirtinnen. Er tötet seinen Onkel Kamsa, den Anführer der Dämonen.
9. Als **Buddha.** Diese Verkörperungsvorstellung ist erst im 8. Jh. n. Chr. entstanden und hat sich im Volk kaum durchgesetzt – außer im Pali-Buddhismus. Gemeint ist, dass Vishnu in Buddhas Gestalt erschien, um die Bösen zur Abschaffung der Opfer, zur Abschaffung der Veden und des Kastensystems zu verleiten und so ins Verderben zu stürzen.
10. Als **Kalki** wird Vishnu sozusagen messianisch erwartet: Am Ende unseres Zeitalters wird er mit flammendem Schwert auf weißem Ross kommen, um die Guten zu belohnen und die Bösen zu bestrafen, die Welt zu vernichten und das Goldene Zeitalter heraufzuführen.

Einige Purānas zählen weitere 14 avatāras auf, ja sie behaupten sogar eine unendliche Zahl und sehen Vishnu z. B. auch in Christus oder in Mahatma Gandhi erschienen.

Am populärsten ist Vishnu in der Gestalt der *Rāma* und des *Krishna:*

Rāma war ein Prinz und später der König von Ayodhyā (Audh), dem der Riese *Rāvana* seine Gattin Sītā raubte. Im *Rāmāyana* kann man nachlesen, dass er sie mit Hilfe eines großen Heeres und einiger Götter – vor allem des klugen Affengottes *Hanumān* – zurückeroberte. »Seine Rechtschaffenheit und Wohltemperiertheit nimmt auch heute noch viele Menschen für ihn ein; was ihm zukommt *(dhārma)*, dem fügt er sich ohne Murren, auch wenn es Leid bedeutet. So ist er ein großes Vorbild und den Menschen innerlich nahe. Gandhi (*Mohandas Karamtschand*) war z. B. ein großer Verehrer Rāmas, und seine letzten Worte, als ihn am 30. Januar 1948 die Pistolenschüsse seines Attentäters – ein hinduistischer Journalist, Mitglied der orthodoxen Hindu-Mahāsabhā, dem Gandhi zu liberal war – getroffen hatten, waren: ›He, Ram!‹ (= ›o Gott‹).« (Adolf Holl)

Ausschnitt aus einem Bild »Götter und Dämonen« (des Hinduismus). Im Mittelpunkt des Bildes Vishnu und seine Ehefrau/Shakti Lakshmi; er schläft auf der tausendköpfigen Schlange Ananta (= Unendlichkeit) und meditiert über das neue Weltall; aus seinem Nabel sprießt ein Lotus, in seiner Blüte Brahma, der Schöpfer der neuen Welt. Unter ihm zunächst seine »Avataras« als Fisch, Schildkröte, Eber, Löwe, - Rama und Krishna und verschiedene Gottheiten und Dämonen.

Krishna war ebenfalls ein Prinz, entging mit Mühe den Nachstellungen seines Onkels, des Königs von Mathurā, dem prophezeit worden war, dass ihn sein Neffe vertreiben werde, und wuchs unter den Hirten und Hirtinnen *(Gopī)* von Brindāban auf. Später tötete er tatsächlich König Kansa und wurde dessen Nachfolger. Er soll mit 16.000 Frauen 180.000 Söhne gezeugt haben. Seine Liebesabenteuer und Heldentaten gehören zu den Lieblingsthemen der indischen Dichtung. (Heinrich von Glasenapp)

In Vishnus Ehefrau bzw. *Shakti* (= Begleiterin) ***Lakshmī*** lebt die alte Göttin der Schönheit (Shri), des Reichtums und des Glücks fort. Zu nennen wären auch noch die Shaktis seiner wichtigsten avatāras, also z. B. ***Rādhā***, die Shakti Krishnas, welche in hervorragender Weise die inbrünstige Sehnsucht der menschlichen Seele nach Vereinigung mit Gott symbolisiert, was in erotischen Bildern dargestellt wird.

Shiva (= der Gütige, Freundliche, Gnädige)

In der Shvetāshvatara-Upanishad (4. Jh. n. Chr.) wurde er zum alleinigen Weltherrn *(īshvara)* erhoben. Seine Verehrung geht auf den Rigveda-Gott **Rudra-Shiva** zurück, der wiederum auf einen vor-arischen Naturgott verweist. Von dieser Seite her kommt wohl auch das Symbol des *Lingam* (= Phallus), durch das Shiva in vielen Tempeln dargestellt wird, wodurch seine Zeugungskräfte versinnbildlicht werden; vielleicht ist das auch ein Hinweis darauf, dass die vor-arische Naturgottheit in megalithischen Zeiten wurzelt. Im Laufe der Jahrhunderte sind wahrscheinlich auch Elemente des drawidischen *Cevvōn* (= der Rote) und des *Dionysos* (zur Zeit der Berührung mit dem Hellenismus seit dem Alexanderzug bis ins Industal) assimiliert worden.

Im Atharvaveda (XV, 5) sind viele spätere Beinamen Shivas (z. B. Bhava, Sharva, Pashupati, Ugran, Rudra, Mahādeva, Isāna) noch eigenständige Gottheiten, die im klassischen Hinduismus zusammen mit *Ishana* (= eine Reinkarnation Shivas) zu den sogenannten *acht Erscheinungsformen Shivas* verschmelzen.

Beinamen wie der Wegraffende, der Schreckliche, der Entsetzliche verweisen auf seine dämonische, kämpferische, welt-

Ein anderer Ausschnitt aus dem Bild »Götter und Dämonen« – im Mittelpunkt befinden sich auf dem heiligen Berg Meru Shiva und seine Gemahlin/Shakti Patvati, reitend auf dem weißen Stier Nandin. Man sieht ihn auch als Tänzer und in Meditation sowie Mitglieder seiner »Familie« wie den elefantenköpfigen Zwerg Ganesha: Links von Shiva Inkarnationen Parvatis als Kali, Durga oder Ima. Unterhalb der Genannten befinden sich andere Gottheiten wie Surya, Varuna, Agni, Soma und der Weise Manu.

vernichtende, zerstörerische Funktion. Als Zeitgott wird er *Kālā* genannt (dann ist ***Kali*** seine Shakti = Begleiterin).

Shivas Gemahlin aber ist ***Pārvatī***, die bedeutendste weibliche Gestalt des hinduistischen Pantheons. Sie repräsentiert die ewige Kraft der Natur, die gebärt und wieder zerstört. Von daher kommt ihre Darstellung – z. B. in Bengalen – mit wilden Haaren, heraushängender Zunge und einem Halsband mit Totenschädeln, auf Leichen tanzend. Vielfach verschwimmen aber die Grenzen zwischen Parvati und Kali – dann geht es um das weibliche Prinzip, das beide repräsentieren.

Shiva vereint so widersprüchliche Komponenten wie Schöpfung-Erhaltung-Zerstörung-Verkörperung-Erlösung in sich. Bei dem als Schöpfergott dargestellten Shiva dominiert die sexuelle Komponente (Fruchtbarkeit): So werden ihm viele Beziehungen zu weiblichen Gottheiten zugesprochen – vor allem natürlich zu Pārvati. Er wird auch als Herr der Stiere (Gavampati) dargestellt, Reittier ist der weiße Stier **Nandin**. Dazu kommt seine Funktion als göttlicher *Asket:* dreiäugig (weil er über das dritte Auge verfügt), mit Asche bestreut, halbnackt, in Meditation versunken.

Die üblichen *ikonischen Attribute* dagegen sind vier Arme und Hände, in denen er Dreizack, Bogen, Trommel und Schnur oder Horn hält, sitzend auf seinem Stier. Manchmal wird er drei- oder sogar fünf-köpfig dargestellt (Schöpfer-Erhalter-Zerstörer) oder als verkörperte **Trimurti** (= Dreiheit), z. B. bereits in Mohenjo Daro nachgewiesen.

Shiva wird von den Shivaiten dem *brahman* gleichgesetzt, wird als Weltschöpfer betrachtet, der selbst aus acht Substanzen besteht (die fünf Elemente sowie Sonne, Mond und Priester). Er ist als Verkörperung kosmischer Energie und des Rhythmus auch der *Patron* des Tanzes. Berühmte Abbildungen Shivas verweisen auf den König der Tänzer (= Natarāja): Er tanzt einen orgiastischen Tanz (= *tāndava),* mit dem Fuß auf einem rebellischen Dämon, von einer Flammenaureole umgeben. Auch sein Tanz ist Ausdruck seiner fünf Aktivitäten: Schöpfung, Erhaltung, Zerstörung, Verkörperung, Befreiung. Und dies wird auch in den berühmten indischen Tempeltänzen thematisiert.

Shiva gilt auch als Patron des Dramas und der Schriftsteller. Dem Glauben der Shivaisten zufolge hat er die Veden verkündet und ist bei allen hinduistischen Philosophiesystemen Pate gestanden.

Von den *shivaistischen Sekten* wird er noch darüber hinaus als großer Gott (Mahadeva, Mahesha, Maheshvara) und »Herrscher über die drei Welten« (Trilokeshvara), sogar als Herr des Alls (Vishvanātha) bezeichnet.

Eine ganze Reihe von Göttern gehören zu seiner **Familie**: Ein Sohn heißt ***Ganesha***, dargestellt in Zwergengestalt mit Elefantenkopf, dickem Bauch, auf einer Ratte oder einem Löwen sitzend, mit drei Augen, vier Händen (mit Lotus, Stoßzahn, Reiskuchen und Axt) – er beseitigt alle Hindernisse des Lebens und ist ein Garant des Glücks und der Weisheit. Ein anderer Sohn heißt ***Skanda***, er ist ein Kriegsgott, der auf wunderbare Weise geboren wurde (der Samen Shivas wurde ins Feuer gegossen und geriet mit dem Feuer in den Ganges, Skanda ist aus dem Fluss erstanden); die Plejaden (= Krittikas, 6-köpfig) haben ihn aufgezogen, er hat vier bis zwölf Arme (mit Speer, Hahn, Glocke, Flagge, Bogen und Pfeilen dargestellt). Manchmal wird er auch mit dem drawidischen Knabengott *Cevvel* (Subrāhmanja) identifiziert.

Die Ehefrau Shivas ist, wie bereits bemerkt, ***Pārvatī***, welche die göttliche Energie symbolisiert, das schöpferische Prinzip des in seiner Transzendenz inaktiven Gottes. Shiva ist – so gesehen – erst zusammen mit seiner Ehefrau und Shakti Pārvatī mit ātman-brahman gleichgesetzt, und auch mit purusha-prakriti.

Im Mythos verführt Pārvati mit Hilfe des Liebesgottes Kāma den Asketen Shiva und wird seine Frau (die erste Begattung war so gewaltig, dass das Weltall erschüttert wurde). In der Mythologie findet sich sogar – als Sichtbarmachung der Unteilbarkeit der beiden Duale – auch ein Zwitterwesen: *Ardhanarishvara* (halb Frau, halb Mann).

Auch Pārvati ist eins mit einer Reihe weiblicher Gottheiten – bzw. wird unter verschiedenen Namen angerufen und verehrt: Devi (= Göttin), Uma (= Gnädige), Gauri (= Blonde), Ambikā (= Mütterchen), Kumari (= Mädchen), Kāli (= Zeit), Candi (= Gewalt), Shivā (= weibliche Form von Shiva). Außerdem finden sich *Inkarnationen Pārvatis* als Sati (= treue Gemahlin) und ***Durga*** (= Tochter des Himalaja-Gottes *Himavat*) bzw. ***Kāli***. Besonders als Kāli spiegelt Pārvati die matriarchalischen Strukturen der vor-arischen Kultur (= eine Göttin vom Typ *Große Mutter*) und ist zugleich ein typischer Ausdruck der Vorstellungen des *Shaktismus*, demzufolge ein Gott primär weiblich vorgestellt wird und das Weibliche die dynamische Seite, das Männliche die passive Seite der menschlichen Person spiegelt.

Damit hängt übrigens auch die **Verehrung der heiligen Kühe** zusammen: Sie sind Symbole der Mütterlichkeit, und Krishna als Rinderhirte regt die Menschen, die ihn verehren, dazu an, im Füttern der Kühe einen Akt der Anbetung der Mutter Erde und ihrer reichlichen Fülle zu sehen.

In der Vorstellung Shivas findet sich wiederum die grundlegende Einheit größter Gegensätze (coincidentia oppositorum): Obwohl sein Symbol der Phallus *(lingam)* ist, gilt er als keusch; er ist der Zerstörer und zugleich der Schöpfer des Lebens; er gilt als der Schreckliche und ist doch – wie sein Name erkennen lässt – der Gütige und Gnädige. In der Welt der Gegensätze und Aktivitäten ist er der ruhende Pol.

So ist auch seine Shakti zerstörerische Naturkraft und Kriegsgöttin in einem. Sie wird mit rotem Gesicht und nacktem schwarzem Körper dargestellt, mit vier Armen (in denen sie Messer, Schale, Totenschädel und Schild trägt) oder mit zehn Armen (dann trägt sie die Waffen aller Hauptgötter) – tanzend auf der Leiche Shivas (Leiche bedeutet, dass Shiva ohne seine Shakti inaktiv ist wie ein Toter).

Als ***Shiva-Shakti*** wird Pārvati auch mit verschiedenen Seuchen- und Katastrophengöttinnen in eins gesehen (z. B. als die Pocken- und Choleragöttin). Darin äußert sich die symbolische Art der Vorstellung, wie sie für die Hindu-Religion so bezeichnend sind: Der Akt der Zerstörung kann ja z. B. auch als Vernichtung der Unwissenheit *(avidya)* gesehen werden und Shiva – oder Kali – wird zu einem Meditationsobjekt der Jnāna-mārga. Oder die Auftritte Kalis als Gerichts- und Todesgöttin sollen zum Ausdruck bringen, dass sie imstande ist, die Angst ihrer Anbeter zu überwinden – aus der »Königin der Nacht« wird die Friedensbringerin!

Die Hindu-Götter werden – anders als z. B. die griechischen Götter – nicht als idealisierte Menschen dargestellt, sondern als Inhaber einer höheren Macht: Mehrere Arme bedeuten mehr Macht, drittes Auge verweist auf größere Einsicht;

die Affengestalt **Hanumans** ist z. B. ein Hinweis auf Gewandtheit und Klugheit

Brahmā (= der mit der Kraft des heiligen Spruchs Erfüllte)

Er ist der **dritte Hauptgott** des Hinduismus, besitzt aber keinen eigenen Kult (der einzige dem Brahmā geweihte Tempel steht in Pokar/Rajputāna), sonst wird er sowohl in Shiva- wie in Vishnu-Tempeln verehrt.

Er spielt bei der Erschaffung der Welt eine maßgebende Rolle, ist aber nicht Schöpfer im engeren Sinn des Wortes. Das heißt, er schafft nicht aus seinem Willen heraus das All aus dem Nichts, ist auch nicht der Urgrund, aus dem heraus alles Materie und Gestalt annimmt, sondern ist eine Personifikation des transzendenten bzw. absoluten Seins *(brahman)*. Seine Partnerin *(shakti)* ist **Sarasvati**, die Energie, die von ihm ausgeht. In der tri-theistischen Vorstellung der *Trimurti* des klassischen Hinduismus ist er insofern der Schöpfer, als es seine Aufgabe ist, aus der ursprünglichen Einheit die Vielfalt hervorzubringen. Er reguliert auch das Karma-Gesetz, ist Herr der Worte und hat aus seinem Körper die Veden und die großen Epen hervorgebracht, hat z. B. auch Shiva und Pārvati getraut.

Dargestellt wird er als Mann mit vier gekrönten Häuptern (Himmelsrichtungen) und vier Armen und Händen, in denen er die Vedaschrift, Gangeswasser, Rosenkranz und Opferlöffel hält; er sitzt auf einem Lotus oder einem Schwan.

Das Verhältnis dieser drei Hauptgötter zueinander bleibt unbestimmt, sie bilden eigentlich keine *Dreiheit in Harmonie*, sondern kämpfen eher zu dritt (Schöpfer-Erhalter-Zerstörer) um den Vorrang. Die Vishnuiten messen Shiva einen nahezu ebenbürtigen Rang zu, die Shivaiten dagegen machen Vishnu zum Diener Shivas. Versuche einer *Synthese* der drei sind vielleicht in der Gestalt des ***Hari-Hara*** zu sehen, einer Gestalt, die links wie Vishnu und rechts wie Shiva dargestellt ist, oder auch in der bereits genannten ***Trimurti*** (= drei Formen des Einen): aus einem Körper wachsen drei Köpfe mit den Attributen Brahmas, Vishnus und Shivas. Doch ist auch hier der Bezug nicht ganz geklärt; es gibt alte Darstellungen der Trimurti aus vedischer Zeit, wo es sich offensichtlich um die vedischen

Die brahmanische »Trimurti« zeigt die hinduistischen Hauptgötter Brahma als Schöpfer, Vishnu als Erhalter und Shiva als Zerstörer, die das absolute Brahman bilden.

Götter Vayu = Wind, Agni = Feuer und Sūrya = Sonne handelt. Im Mārkandeya-Purāna dagegen erschafft Brahmā die Welt, Vishnu erhält sie und Shiva zerstört sie. Und in der hinduistischen Lehre, dass Brahmā, Vishnu und Shiva drei verschiedene Gestalten des einen Urwesens sind und dieses in seiner Tätigkeit als Schöpfer, Erhalter und Zerstörer des Universums repräsentieren, wird zwar dem Einheitsstreben Genüge getan, diese Auffassung liegt aber weit ab von den persönlichen Glaubensbeziehungen und Glaubensinhalten der allermeisten Hindus.

Die vorhin genannte Synthese – besser: Zusammenschau ein und desselben göttlichen Wesens in drei verschiedenen Ausfaltungen – sollte jedenfalls nicht als Pendant oder gar Durchbruch einer christlich-monotheistischen Dreifaltigkeitsvorstellung (die den Versuch einer Aussage über das innergöttliche Wesen des einen absoluten Gottes, der die Liebe ist, darstellt) interpretiert werden. Dies würde, wenn überhaupt, sicher nur für einige wenige Vertreter des *Neohinduismus* im 19. und 20. Jh. zutreffen. Zu sehr dominieren im klassischen Hinduismus die verschiedenartigsten höheren und niederen Gottheiten.

Niedere Götter und Gottheiten

Neben diesen drei Hauptgottheiten werden die alten vedischen Gottheiten sowie lokale, dämonische Wesen verehrt, die aber alle dem Karma-Gesetz und dem Samsāra unterliegen; während des laufenden Weltzyklus sind sie jedoch unsterblich:

Welthüter *(= lokapāla):* **Indra** beherrscht als Donnergott den Osten, ***Agni*** als Feuergott den Südosten, ***Yama*** als Totenrichter den Süden, ***Nirriti*** (in ungeklärter Funktion) den Südwesten, ***Varuna*** als Meeresgott den Westen, ***Vayu*** als Windgott den Nordwesten, ***Soma*** als Mondgott den Norden, ***Ishāna*** als Shiva-Avatāra den Nordosten. Neben Soma beherrscht den Norden aber auch ***Kubera***, ein Fruchtbarkeitsgott wahrscheinlich kleinasiatischen Ursprungs (zugleich Gott des Reichtums und der Reisenden). Seine Gattin ***Hāriti*** ist Beschützerin der Kinder.

Liebesgott: Er erscheint unter drei verschiedenen Namen: **Kāma**, **Kandarpa** oder **Ananga** (= ohne Körper), denn er wurde von Shivas drittem Auge zu Asche verbrannt, als er Pārvati half, ihn zu verführen. Als Krishnas Sohn ***Pradyumna*** (dargestellt als Jüngling mit Pfeil und Bogen wie der griechische Eros) wird er wiedergeboren.

Astralgötter: Sie symbolisieren oder steuern die Himmelskörper und bilden eine eigene Kategorie. Dazu gehört z. B. der Sonnengott ***Sūrya*** – mit 107 verschiedenen Namen –, in dessen Gestalt unzählige indische und außerindische Solar-Gottheiten verschmolzen sind.
Daneben ***Aruna*** und ***Candra***, die Götter der Morgenröte bzw. des Mondes. Dann die oft als Kuh dargestellte Göttermutter ***Prithivi***, die von ihrem Vater *Prithu* oder von *Manu* gemolken wird. ***Budha***, der Gott des Planeten Merkur, ***Shukra*** bzw. ***Bhārgava***, die Götter der Venus. ***Angaraha*** bzw. ***Marigala***, die Götter des Mars, ***Brihaspati***, der Gott des Jupiter, ***Shani***, der Gott des Saturn, ***Rāhu*** bzw. ***Ketu***, Gottheiten, die für Sonnen- und Mondesfinsternisse verantwortlich sind u. v. a. m.

Nothelfer: Zu dieser Gruppe gehören die ***Mataras*** oder ***Ambikas*** (= Mütterchen), die zum Gefolge Shivas oder seines Sohnes Ganesha gerechnet werden und wahrscheinlich aus dem drawidischen Südindien stammen; ebenso ***Manasā***, die Schlangenbisse heilt, und ***Sasti,*** die während des Wochenbetts angerufen wird.

Geister und Dämonen

Neben den niederen Gottheiten, und manchmal gar nicht leicht von ihnen zu unterscheiden, sind *halbvergöttlichte Geister*, die fast alle nicht-arischen Ursprungs sind und im Hinduismus wiederauflebten:

Die ***Asuras***, ein ehemaliges Göttergeschlecht, das mit den wahren Göttern Krieg führt und in der von Maya gebauten Hölle wohnt.

Die ***Nagas***, Schlangengottheiten in Menschengestalt mit Schlangenschwänzen, die in unterirdischen Palästen wohnen – sie gehen wahrscheinlich auf einen alten totemistischen Schlangenkult zurück.

Die ***Yaksas*** und ***Yaksās***: Sie sind menschenähnlich dargestellte Vegetationsgeister, die Diener und Dienerinnen des Beherrschers des Nordens

Die ***Nadidevatas:*** Wassergötter (Genien), die vor allem den Flüssen zugeordnet werden wie **Gangā** und **Yumanā**.

Die ***Gandharvas*** und **Apsaras**: Göttliche Sänger und Musiker, die den griechischen Nymphen und Kentauren gleichen (teilweise in Pferdegestalt dargestellt).

Die ***Bhūtas***: Seelen von Menschen, die eines plötzlichen Todes gestorben sind und in Tiergestalt (Ochs, Pferd, Schwein) oder als Riesen ein dämonisches Leben führen.

Die ***Raksasas, Yātudhānas, Pishacas*** (die rohes Fleisch verzehren) und ***Pretas*** (= Gespenster) sind böse Geister, die die Menschen quälen und in der Regel kultisch (exorzistisch) besänftigt werden müssen (z. B. durch den »Teufelstanz«).

Heroen

Typisch für den Hinduismus – wie auch für viele andere Religionen sind sagenhafte Menschen der Vorzeit, die im Laufe der Zeit vergöttlicht wurden und de facto als Gottheiten verehrt werden. Einige Beispiele:

Kashyapa, ein Enkel Brahmas.
Prithu, der Vater der Erdgöttin *Prithivi.*
Manu, Sohn des Gottes *Vivasvant,* der im Auftrag Vishnus nach der Sintflut die neue Menschheit geschaffen hat. Ihm wird das berühmte Rechtsbuch zugeschrieben.
Iksvāku, der Sohn Manus und Vater der sogenannten Sonnendynastie der Könige.
Ila, die Tochter Iksvākus, gründete mit Budha die sog. Monddynastie der Könige.
Agastya, der den Ozean ausgetrunken hat und Südindien brahmanisierte.
Vyasa, der sagenhafte Verfasser des Mahābhārata und der Purānas.
Kapila, der sagenhafte Begründer der *Sāmkhya-Philosophie.*

Tierkulte und andere Formen der Natur-Verehrung

Tierkulte: Neben besonderen Menschen werden auch verschiedene Tiere verehrt. Es haben sich für Außenstehende oft recht merkwürdig anmutende Tierkulte herausgebildet: Zu nennen ist z. B. die Verehrung der Kuh ***Kāmaduh,*** die alle Wünsche erfüllt, oder des Stieres ***Nandin*** beziehungsweise des Pferdes ***Kalkin***. Daran knüpfen sich verschiedenartige Bräuche: Z. B. darf man die fünf Erzeugnisse der Kuh (Milch, Topfen/Quark, Butter, Harn, Mist) nur rituell verwenden und die Tiere nicht töten. Dieser Kult der Heiligen Kühe ist bis heute wirksam.

Daneben gibt es **Baumriten:** Manche Feigenbäume gelten als von der Trimurti bewohnt oder von Seelen Verstorbener – deshalb werden Bäume auch gerne als Meditationsorte verwendet.

Auch **Bergkulte** sind verbreitet: Der hl. Berg ***Meru*** gilt als Zentrum des Weltalls, der Berg ***Kailasa*** als Wohnstätte Shivas. Auch das gesamte ***Himalaja***-Gebirge gilt als Wohnung der Götter und daher als geheiligter Bezirk.

Hohe Bedeutung hat auch der **Flusskult**: Im indischen Volk weit verbreitet ist z. B. das Baden im ***Ganges***. Die bei

Varanesi (= Benares) oder in Haridwar (200 km stromaufwärts von Delhi) Badenden glauben, dass der Ganges Himmel, Erde und Hölle durchfließt; wer in ihm badet, reinigt sich von Sünden und erlangt Heil.

Eng mit dem Flusskult verbunden ist der Brauch der **Wallfahrten** *zu* den *tirthas,* den heiligen Städten Benares, Haridwar, Audh, Dwarka, Mathura, Konjeeveram, Ujjain oder zu religiösen Zentren wie Madurai, Puri oder Gaya. Zum alle vier Jahre stattfindenden *Kumbh Meta*-Fest in Haridwar kamen Hans Küng zufolge (er nahm selbst daran Teil) im Jahre 1998 mehr als fünf Millionen Pilger, die alle im Ganges badeten. Nach seinem Motiv befragt, antwortete ein junger Inder: *»Unser Geist und unser Leib werden dadurch gereinigt. Und dies schenkt uns den Frieden des Geistes, den Frieden der Seele.«*

Besser als das Meer oder stehende Gewässer, wo sich nach Auffassung der Hindu alle Unreinheit sammelt, eignen sich Flüsse zur rituellen Reinigung, deren Symbolkraft für religiös so sensible Menschen wie die Inder auf der Hand liegt. Besonders hoch ist dieser religiöse Effekt bei einem Bad im heiligsten der Flüsse, in der *Mutter Ganga.*

An eigens angelegten *Ghats* (= Badetreppen) verbinden sich jeden Tag bevorzugt bei Sonnenaufgang Unzählige im Wasser mit Erde und Himmel und bringen der Sonne eine Wasserspende als symbolisches Opfer dar, nachdem sie im Ritus des *Madschana* (= Sinken) im Wasser untertauchten.

Ein großer *Pilgerweg* führt von der Quelle des Ganges im Himalaja bis zu seiner Mündung, 70 km südlich von Kalkutta. Die Insel Gangasagar im Gangesdelta gilt als Mündung und verfügt über einen besonders heiligen Tempel. In früheren Zeiten brauchten die frommer Pilger für diesen Weg hin und zurück sechs volle Jahre.

Im Jahr 1948 übte Mahatma Gandhi mit der folgenden Formulierung Kritik an der einseitigen Menschenrechtserklärung der Vereinten Nationen: *»Der Ganges des* ***Rechts*** *entspringt dem Himalaja der* ***Pflichten!****«* (H. Küng)

Hinduistische Feste

Das alte vedische bzw. brahmanische Opferritual ist durch die **Puja** (= Kult) ersetzt worden, die besonders in den Tempeln und um die darin befindlichen Götterbilder vollzogen wird (durch Sehen, Schmücken, Speisen, Bekleiden, Baden, Anbeten usw.). Das Götterbild gilt als eine Erscheinungsform des Gottes, in die der jeweilige Gott real herabgestiegen *(arcavatāra)* ist. Er wird in den ihm gewidmeten Gebetsformeln *(mantras)* angesprochen, wobei es nicht auf den wörtlichen Sinn dieser Gebete, sondern auf die geheime Bedeutung der Laute und Silben ankommt. Neben diesen *Mantras* gibt es auch *Yantras* (= geometrische Diagramme), die das Wesen Gottes darstellen sollen.

Im Leben des hinduistischen Gläubigen spielen neben den bereits erwähnten Wallfahrten und Kulten (z. B. rund um das Ganges-Wasser) auch **Feste** eine große Rolle.

Allgemein verbreitet sind das ***Holi-Fest*** (ein mit Krishna verbundenes fröhliches Frühlingsfest Mitte Februar, an dem alle Kastengrenzen und Tabus aufgehoben sind), das ***Divali-Fest*** (das indische Neujahrsfest, das als Lichterfest im November gestaltet wird und bei dem man sich gegenseitig beschenkt; die Glücksgöttin Lakshmī besucht jedes erleuchtete Haus) und das ***Dasara-Fest*** (ein zehntägiges Fest zu Ehren der Göttin Kali Mitte Oktober mit Prozessionen, Tänzen und Geschenken).

Daneben gibt es eine Reihe von ***Krishna-Festen*** (z. B. das *Krishnajanmastami* zur Geburt Krishnas, dem christlichen Weihnachtsfest vergleichbar), die sich an den Krishna-Legenden orientieren.

Und schließlich unzählige ***lokale Feste*** oder Feste der Shivaiten, Vishnuiten und anderer Sekten.

Zu den Festen gehören auch bestimmte ***Fasten- und genaue Ess-Vorschriften***. Insgesamt spielt der Kult aber eher eine sehr alltagsbezogene Rolle, was im bunten Treiben in den Tempeln seinen Ausdruck findet, wo es (für den westlichen Menschen) oft erstaunlich laut und wenig pietätvoll zugeht.

Hinduistische Sekten (= Religionssysteme)

Etwa um die Jahrtausendwende, gleichzeitig mit dem Verblassen der alten philosophischen Systeme, entstehen neue shivaitische, tantrische, shaktische und vishnuitische **Sekten,** die man aber zutreffender **Religionssysteme** nennen sollte.

Teilweise übernehmen diese religiösen Gemeinschaften auch das Gedankengut der alten philosophischen Schulen und entwickeln auf ihrer eigenen Grundlage neue Systeme, oder aber sie formen die alten Systeme ihren eigenen Ansichten entsprechend zu etwas völlig Neuem um bzw. ergänzen »orthodoxe« hinduistische Anschauungen der einen oder anderen Ausrichtung mit spezifischen Lehrsätzen, Vorstellungen und religiösen Ausdrucksformen.

Ein Zentralbegriff in der Ideologie vieler Sekten ist die *Bakhti*: Eine tiefgläubige Ergebenheit gegenüber dem Weltenherrn oder Allerhöchsten ist für sie so dominant, dass alles andere zurücktritt. Sie erkennen den Menschen als zu schwach, um durch eigene Anstrengung dem Samsāra entfliehen zu können, Hilfe kann nur von einem überweltlichen Wesen kommen, das er sich durch vertrauensvolle, ja rückhaltlose Hingabe geneigt macht. Die schon erwähnten vishnuitischen ***Ālvārs*** (= In Gott Vertiefte) oder die shivaitischen ***Nāyanār*** (= Führer) haben dieser innigen Gottesmystik in ihrer Sprache (Tamil) einen dichterisch hochstehenden Ausdruck verliehen.

Shivaitische Sekten

Unter den shivaitischen Gruppierungen ist das ab dem 9. Jh. n. Chr. im Norden Indiens nachweisbare **Shaivadarshana**-System das älteste. Seine Grundlage sind Sāmkhya-Lehren, wobei aber wichtige neue Gedanken eingefügt wurden. Seine Gedanken sind wohldurchdacht und abgerundet, und dieses theologische System kann sich durchaus mit den alten philosophischen Systemen messen. Im 10. Jh. n. Chr. blüht in Kashmir die **Pratyabhijna**-Schule, ein idealistisches System, das dem hochstehenden Vedanta-System des Shankara ebenbürtig ist. **Utpaladeva** (um 950 n. Chr.) und ***Abhinavagupta*** (um 1000 n. Chr.) sind die hervorragenden Führer dieser Schule. Im 13. Jahrhundert ist im Süden Indiens der **Shaivasiddhanta**, das südindische Gegenstück zum Shaivadarshana, voll ausgebildet.

Die **Virashaivas** oder **Lingayats** (= Phallus-Träger) gelangen aber schon im 12. Jh. vor allem im Südwesten Indiens zu größerer Bedeutung. Sie verehren Shiva unter dem Symbol des *linga*, dessen Abbild sie in einem silbernen Büchslein um den Hals tragen. Es geht ihnen dabei aber nicht um Sexualität, sondern um das Verhältnis zwischen Gott und den Seelen. Durch das Wirken seiner *Shakti* zerfällt der All-Geist in Gott (Weltherrscher) und die Einzelseelen. Die Erlösung wird durch Umkehrung der Shakti in *Bhakti* erreicht (= gläubige Liebe zu Shiva). Gleichberechtigung der Geschlechter, puritanisch einfache Lebensweise in ordensähnlicher Gemeinschaft, vegetarisches und alkoholloses Leben, die Verwerfung von Wallfahrten, Opfern, Bilderkult, Kastenwesen, Totenverbrennungen usw. sind für die Anhänger dieser Sekte charakteristisch. Die Eingeweihten, die das linga-Symbol tragen, glauben, unmittelbar nach dem Tod erlöst zu werden.

Tantrische Sekten

Der **Tantrismus** leitet seinen Namen von *Tantra* (= System) her und meint magische Formeln und Riten, mit deren Hilfe man überweltliche Wirkungen erzielen und sich die Kräfte von Gottheiten zunutze machen kann. Diese Strömung setzt etwa 500 n. Chr. ein, und zwar sowohl im Hinduismus als auch im Buddhismus (Vajrayāna), und besteht aus einem großen Komplex ritueller und mystischer Phänomenen und Praktiken.

Die Tantren stellen im Gegensatz zu den Veden keine für alle Inder verbindliche Sammlung heiliger Texte dar. Verschiedene Gruppen innerhalb des Hinduismus (Vaisnavas, Saivas, Verehrer der Göttin Durga) haben jeweils ihre eigene Tantra-Tradition. Nach tantristischer Tradition werden jedem der vier hinduistischen Zeitalter eigene heilige Schriften zugeordnet: Nach den Veden, den Upanishaden und den Purānas gehören die Tantren zum vierten Zeitalter.

Die tantrischen Schulen hatten großen Einfluss auf die Entwicklung des indischen Geisteslebens. Einzelne *magische Bräuche* reichen bis in das Atharva-Veda des 5. Jh. v. Chr. zurück, und zwar *mantras* (= Texte), *yantras* (= Zeichen), *mudras* (= Gesten) sowie *Yoga*-Praktiken. Hier wurde auch die *Chakra*- und *Kundalini*-Lehre entfaltet.

Dem Tantrismus geht es vor allem um die Integration der Wirklichkeit, er will die uranfängliche Einheit wiederherstellen. Für ihn ist die Welt nicht mehr Maya, sondern das Instrument, ja Sakrament der Erlösung: *»Wie könnte es Seligkeit geben, gäbe es keinen Körper?«*

Im sogenannten **linkshändigen Tantrismus** wird die weibliche Gottheit in Gestalt einer nackten Frau und im Vollzug der *Fünf M* verehrt. Gemeint ist damit der Genuss von fünf Dingen, die in der hinduistischen Askese sonst streng verboten sind und in der Sanskrit-Sprache jeweils mit einem »M« beginnen: Genuss von Wein, Fisch, Fleisch, Getreidekörnern und Geschlechtsverkehr – all dies aber nicht in orgiastischer, sondern in streng ritualisierter Form und in einem kleinen Kreis von Eingeweihten. Darin soll die alles durchwaltende Macht der *Shakti* (= göttlichen Kraft) über die Sphäre der (sonst verbotenen) niederen Instinkte geoffenbart werden. Die Leidenschaften erhalten so eine feste Regelung und eine höhere Würde.

Einen sehr beachtlichen künstlerischen Niederschlag fanden tantrische Praktiken z. B. in den erotischen Tempelskulpturen von *Khajuraho* und *Konārak*, die in der Blütezeit des Tantrismus entstanden sind: *»Die Freuden, die für den Nichteingeweihten sündig sind, bedeuten für den Yogi eine Erlösung.«*

Der **rechtshändige Tantrismus** ist demgegenüber streng asketisch.

Shaktische Sekten

Der **Shaktismus** ist nicht so sehr von der Verehrung weiblicher Gottheiten bestimmt als vielmehr von der Vorstellung, dass die eine oder andere Göttin als Shakti Shivas oder eines der anderen großen Götter eine entscheidende Bedeutung innerhalb des Weltganzen und des Erlösungsganges hat, weil Shiva nur durch Vermittlung seiner Shakti (= Kraft, Energie) wirksam ist. Die Verehrung geschieht über die ***puja***, d. h. die rituelle Verehrung des Gottesbildes mit Hilfe von Gesten (mudras), Texten (mantras), Zeichen (yantras) oder Mandalas (= Diagramme, welche Wesen und Bedeutung der Gottheit symbolisch darstellen).

Die in der 2. Hälfte des 1. Jh. n. Chr. aus dem Shivaismus entstandene Sekte der **Shaktas** verehrte ***Durgā*** als höchste Göttin und Weltprinzip und sieht die Tantras als ihre heiligen Schriften an. Durga ist für sie die einzige Quelle der Realität, sie wirkt in Bewegung (*nada*) und Licht (*bindu*), wird als eine

Das prächtigste Gebäude in Kajuraho ist der dem Shiva geweihte Kandariya-Mahadev-Tempel, äußerlich einem Gebirge nachempfunden, mit unzähligen Figurengruppen aus der Tantra- und Bhakti-Tradition verziert, welche das irdische Liebesspiel als Mittel zur Vereinigung mit der Gottheit symbolisieren.

Art Vibration wahr genommen und in der *Kundalini-Yoga-Praxis* kultiviert. Es handelt sich um eine esoterische Sekte, in welche man nur nach komplizierten Einweihungsriten aufgenommen werden kann. Sie unterscheidet drei Arten von Eingeweihten: (1) Tiere, (2) Menschen, (3) göttliche Wesen. Jede Phase hat ihre eigenen Vollendungswege. Für die *Tiere* gilt der Weg des Veda (vedisches Ritual, Fleischgenuss erlaubt, ebenso Geschlechtsverkehr an bestimmten Tagen), der Weg des Vishnu (Verbot des Fleischessens und des Geschlechtsverkehrs), der Weg des Shiva (Askese, verbunden mit philosophischer Meditation) und der *rechte Weg* (Askese, Meditation und Yoga-Übungen). Für die *Menschen* gelten der *linke Weg* (mit den oben beschriebenen Geheimriten des *pancatattva* = Fümf M) und der *vollendete Weg*. Für die *göttlichen Wesen* gilt der »Familienweg«, der keine Verbote und Vorschriften kennt, weil sich die bis dahin Vorgestoßenen bereits jenseits von Dharma, Himmel und Hölle befinden.

Vishnuitische Sekten

Die vishnuitischen Sekten, die teilweise schon bei der Besprechung des Vedanta-Systems erwähnt wurden (z. B. die **Shrivaishnavas**), beruhen auf der *Vishistadvaita*-Lehre des Ramanuja und insbesondere auch auf dem *Nalayiram Divyaprabandham*, den 4000 religiösen, sehr kunstvoll gestalteten Hymnen der *Ālvārs* (= südindische Vishnu-, bzw. Krishna-Fromme). Dazu gehören auch die folgenden einflussreichen Gruppen:

Die **Bhāgavatas** (= die den Bhāgavān = Erhabener Verehrenden) sind eine bis in das 5. Jh. v. Chr. zurückreichende Sekte, deren Gott Bhāgavān später mit Vishnu bzw. mit Krishna identifiziert wurde. Wichtige Grundlage ihrer Lehre sind die Bhagavad-Gītā, das Bhāgavata-Purāna und die Pancaratra Samhitas.

Das **Pancaratra** (= aus fünf Nächten bestehend) wird von einer religiösen Gruppe des Vishnuismus vertreten, die eine evolutionistische Theologie lehrt. Für sie gibt es drei Stufen der Schöpfung: Auf der »reinen« ersten Schöpfungsstufe entsteht aus dem transzendenten absoluten Prinzip (Vishnu-Narayana) die weltwirkende Kraft (Shakti), die mythologisch als seine Gattin Lakshmī gedeutet wird; in der Folge manifestieren sich paarweise die sechs Eigenschaften (= gunas) Vishnus, der sich dadurch zu den vier *Vyuhas* evolutionistisch differenziert. Aus dem letzten Vyuha (*Aniruddha*) gehen die Avatāras Vishnus hervor. Auf der zweiten Schöpfungsstufe entsteht die Seelentotalität des Kutastha-Purusha, der der Ausgangspunkt für die individuellen, karmagebundenen Seelen ist. Auf der dritten Schöpfungsstufe entwickeln sich über eine modifizierte Sāmkhya-Evolutionsreihe die Elemente, die Sinnesorgane, usw. Diese evolutionistische Theologie kann je nach philosophischer Grundkonzeption mehr realistisch oder illusionistisch verstanden werden. Die Lehren der *Pancaratrins* sind in den *Pancaratra-Samhitas* niedergeschrieben. Die Blütezeit dieses Systems lag zwischen 600 und 800 n. Chr.

Erwähnt sei noch ***Caitanya***, ein bengalischer Krishna-Ekstatiker, geboren 1486 in Nadiya, gestorben 1533. Er sammelte durch seine von Musik und Chorgesang begleiteten **Radha-Krishna-Hymnen** zahlreiche Anhänger und wurde von ihnen als ein Avatar Vishnus verehrt. Lebendige Frömmigkeit, die über alle Werke gestellt wird, und besonders die leidenschaftliche und ekstatische Liebe zu Radha und Krishna (emotionale Krishna-Bhakti) prägen diese Bewegung. Von Caitanyas Nachfolgern, den sogenannten *Gosvamis*, wurden die Caitanya-Gemeinde organisiert und das Ritual festgelegt.

Das hinduistische Weltbild

Auf das vielschichtige und weitläufige Weltbild des klassischen Hinduismus, das in den Purānas in vielen Details dargelegt wird, kann hier nur knapp eingegangen werden. Grundlage ist die Zusammenfassung von Heinrich von Glasenapp.

Nach der Lehre der Purānas hat jedes **Weltsystem** 500 Millionen yojonas (= 2 Meilen) Durchmesser und besteht aus 3 × 7 Schichten. Die obere Hälfte besteht aus den 7 Schichten *bhur* (= Erde), *bhuvar* (= Luftraum), *svar* (= Himmel), *mohar*, *janas* und *tapas* (= die feineren höheren Schichten) sowie *satyam* oder *brahman* (= die transzendente Welt). Die untere Hälfte besteht ebenfalls aus 7 Schichten, und zwar der unterirdischen Welt, in welcher sich z. B. die Nāgas und andere dämonische Wesen in 7 Höllen *(naraka)* aufhalten. Die Erde selbst besteht aus 7 konzentrisch angeordneten Teilen, die durch 7 ringförmige Ozeane (Salzmeer, Zuckersaftmeer, Milchmeer usw.) getrennt werden. Im Mittelpunkt der Erdscheibe erhebt sich der Berg *Meru*, den die Sterne umkreisen und auf dessen Gipfel die Welthüter wohnen. Eine derartige »Welt« ist umgeben von einer Hülle, die wiederum aus schichtartig übereinander gelagerten Elementen besteht und das Weltsystem zu einem in sich geschlossenen *kosmischen Ei* macht.

Derartige **Welteier** gibt es unendlich viele, die nebeneinander im leeren Raum ruhen. Jedes Weltei wird bewohnt von unendlich vielen Lebewesen: Pflanzen, Tieren, Menschen,

Geistern, Dämonen, Höllenwesen und Gottheiten. Jedes dieser Wesen besteht aus einer rein geistigen Seele *(jīva)* und aus einem oder mehreren stofflichen Leibern verschiedener Dichte. Die Seele existiert seit anfangloser Zeit und zieht entsprechend den von ihr vollbrachten guten und bösen Taten *(karma)* immer neue Leiber für das Leben in den verschiedenen Daseinsformen an. Dabei ist sie von einem unsichtbaren feinmateriellen Körper umgeben, welcher der Träger der Organe der Wahrnehmung (Gesicht, Gehör, Gefühl, Geschmack, Geruch), der Betätigung (Reden, Greifen, Gehen, Entleeren, Zeugen) und des psychischen Lebens (Fühlen, Vorstellen, Wünschen, Denken, Subjektivieren) ist. Der feine Leib ist auch der Behälter der fünf Lebenshauche und der latenten Willensregungen (= samskāra), welche die Bindekräfte karmischer Wirkungen darstellen). Die Seele selbst verfügt über das geistige Bewusstsein *(ātman)* oder – den Monisten zufolge – scheint darüber zu verfügen, da sie ja eins mit dem *brahman* ist.

Neben diesen naiv realistischen Vorstellungen – die das Vorhandensein einer außerhalb des Bewusstseins liegenden und unabhängig vom erkennenden Subjekt bestehenden Außenwelt behaupten – gibt es die idealistischen Denkschulen, die nur der Alleinheit *(= brahman* und dem mit ihm identen universellen *ātman)* Realität zubilligen und jede Vielheit als aus dem Nichtwissen stammende Illusion *(maya)* bezeichnen. Sie vergleichen es mit der einen Sonne, die sich in unzähligen Flüssen und Teichen spiegelt und doch nur eine ist.

Die Stoffe der kosmischen Eier stammen aus der Urmaterie *(prakriti)* – welche die einzelne Denkschulen entweder als Emanation aus Gott oder als koexistentes Weltprinzip bezeichnen – und befindet sich in der Weltenruhe in einem ganz feinen unentfalteten Zustand. Sie besteht aus drei Substanzen *(gunas)*: *Sattvas* (= leicht, licht, Freude bewirkend), *Rajas* (= beweglich, anregend, Schmerz erzeugend), *Tamas* (= schwer, dunkel, hemmend), die in einem Gleichgewicht verharren. Wenn die Evolution eines Weltsystems beginnt, wird dieses Gleichgewicht durch das Eingreifen Gottes erschüttert, und die Gunas beginnen, sich miteinander zu vermischen und aufeinander einzuwirken. Auf diese Weise entstehen immer stärkere Verdichtungen zu Stoffen, die dann die 3 × 7 Schichten und die Körper ihrer Bewohner bilden. Gott dringt dann in dieses Ei ein und lässt den Gott Brahmā aus sich hervorgehen, der als Demiurg (= Weltbaumeister) entsprechend den ewigen Gesetzen, an die er sich erinnert, tätig wird.

Das Leben des Brahmā dauert rund 311 Billionen Erdjahre. Jeder Tag eines Brahma-Jahres dauert deshalb 432 Millionen Jahre und entspricht einem Weltzeitalter *(kalpa)* von dessen Entstehung bis zur Vernichtung. Die Nächte zwischen diesen Brahmā-Tagen sind Ruhepausen seiner schöpferischen Tätigkeit. Jedes Kalpa wieder besteht aus 1000 großen Zeitaltern *(mahayuga)*, die in vier Zeitalter *(yuga)* zerfallen: das Goldene Zeitalter (*kritayuga*), in dem die Menschen glücklich und unsterblich sind, das *tretayuga*, in dem die Menschen das Leid kennen lernen, das *dvaparayuga*, in dem die Laster und Plagen erscheinen, und das kaliyuga, in dessen Morgendämmerung *wir* seit dem Tod des Gottmenschen Krishna am 18. Februar 3102 v. Chr. leben. Da Morgen- und Abenddämmerung eines Yuga etwa 10 Prozent der Gesamtdauer einnehmen, werden wir erst im Jahr 32.899 n. Chr. voll in das Kaliyuga eintreten.

Durch kosmischen Brand und eine nachfolgende Flut wird die Welt vernichtet, und ein neues Goldenes Zeitalter *(kritayuga)* beginnt. Am Ende eines Kalpa zerfällt dann das kosmische Ei – nur die göttliche *prakriti* besteht während der Weltnacht in völliger Ruhe weiter; erst dann kann wieder ein neuer Schöpfungsprozess beginnen.

In allen Dingen und Wesen ist **das ewige Gesetz *(dharma)*** wirksam. Es manifestiert sich als *natürliche* Ordnung, *sittliche* Ordnung und *magisch-rituelle* Ordnung. Für viele hinduistische Denk- bzw. Religionssysteme (klassischer Sāmkhya, Mīmāmsā, Jainismus, Buddhismus usw.) ist der *Dharma* das ewige Weltgesetz, von dem auch die Götter abhängig sind. Sie können deshalb mit einigem Recht als atheistisch bezeichnet werden. Die meisten hinduistischen Denkschulen lassen aber doch die gesamte Welt aus ihm – als ihrer bewirkenden und materiellen Ursache – hervorgehen und können daher theistische Systeme genannt werden. Wobei immer beachtet werden muss, dass einzelne Begriffe im hinduistischen Zusammenhang andere Inhalte oder zumindest Aussagen-Nuancen haben, als wir Europäer gewohnt sind.

Eine Welterlösung kennt der Hinduismus nicht. Wenn auch noch so viele Seelen das Heil erreichen, da es unendlich viele gibt, dreht sich das Rad des Samsāra trotzdem unaufhörlich weiter.

Die Erlösung der Menschen und die damit eng zusammenhängende hinduistische Ethik und Jenseitsvorstellung sind ganz wesentlich von **Seelenwanderungs**- und **Karma**-Vorstellungen bestimmt, da ja die Individualität der Seele *(atman)* neben ihrer Geistigkeit von den meisten Denkrichtungen und Religionen nicht nur anerkannt, sondern sogar betont und deutlich vom göttlichen Absoluten *(brahman)* unterschieden wird.

Der grobstoffliche Leib ist geschaffen und stirbt wieder, die feinstoffliche Seele (manas und pranas) ist unzerstörbar, sie kann den Leib verlassen und erhält zuerst einen Totenkörper *(pretadeha)*, um vom Totenrichter Yama ihr weiteres Schicksal zu erfahren und dann entweder den *bhagadeha* (= Genusskörper) oder den *yatanādeha* (= Leidenskörper) zu erhalten. Der Aufenthalt in den Vergeltungsstätten ist zeitlich begrenzt, kann aber sehr lange dauern. Der ohne Ritus Bestattete irrt als Gespenst *(preta)* oder Dämon *(bhuta)* umher und versucht in lebendige Körper einzudringen, um in seiner Entwicklung fortzuschreiten.

Der Mensch verfügt über den freien Willen, mit dessen Hilfe er sich mit dem karman-Gesetz auseinandersetzen muss, um einen Ausweg aus dem samsāra zu finden.

Ziel des menschlichen Lebens und der Heilswege *(mārga)* ist das Ausscheiden aus dem leidvollen Geburtenkreislauf *(samsāra)* durch Höherentwicklung im Durchschreiten der verschiedenen Lebensstadien: Pflanzen → Insekten → Vögel → Tiere → Menschen → Dämonen → Geister → Götter.

Nachklassische Periode und Neohinduismus

Die Jahrtausendwende bedeutete in der Geschichte Indiens insofern einen markanten Einschnitt, als in dieser Zeit der **Buddhismus** in seinem Ursprungsland allmählich erlosch (vgl. DER GLAUBE DER BUDDHISTEN), der **Jainismus** in seiner Bedeutung stark zurückging und der klassische Hinduismus mehr als ein Jahrtausend lang sich kreativ und integrativ entwickelte und als Religion fast aller Inder (nicht nur der arischen Oberschichten) blühte und kurzfristig die religiöse Alleinherrschaft (Helmuth von Glasenapp) über den Subkontinent inne hatte. Kurzfristig deshalb, weil von außen her diese Dominanz zuerst vom **Islam,** später dann von den europäischen **Kolonialmächten** – seit langem auch von **christlichen** Missionsbestrebungen – mehr oder minder stark eingeschränkt wurde.

Andererseits gab es seit dem 14. Jh. auch reformatorische Bewegungen, die den Hinduismus von innen heraus erneuern wollten und sich strikt gegen gewisse philosophische Richtungen und Sekten stellten. Der folgende Text des Telugu-Dichters ***Vemana*** ist dafür bezeichnend:

Alles Priesterwissen ist den Buhldirnen gleich: betörend und jeglicher Reinheit bar. Das Wissen von dem Gott im Herzen gleicht einer treuen Frau ... Es gibt nur einen Herrn der Welt, der das Weltall regiert; wozu noch die anderen Brahmas verehren? Kann ein Affe im Walde die Welt regieren? ... Sie schleppen Steine heran aus den Bergen, stoßen sie umher mit Händen und Füßen, bearbeiten sie mit dem Meißel und – o Neuheit! – verbeugen sich dann vor den stumpfen Steinen ... Benares! Benares! rufen sie und sind entzückt, dahin zu reisen. Ist denn der Gott, der dort ist, hier nicht zu finden? Er ist hier wie dort, wenn das Herz rein ist.

Hier klingen kritische Töne an, die ihre Parallelen in allen Reformphasen der großen Weltreligionen haben – sie verweisen auf Veräußerlichung, mechanistische Religiosität und Verlust der ursprünglichen dynamischen Innerlichkeit.

Diese kritische Einstellung führte einerseits zum Entstehen synkretistischer Sekten, ja sogar zur Entwicklung einer neuen Religion, des **Sikkhismus,** von dem noch ausführlich die Rede sein wird, andrerseits zur Ausbildung des sogenannten **Neo-**

hinduismus bzw. **aufgeklärten Hinduismus** – der jüngsten Entwicklungsphase in der viertausendjährigen Geschichte des Glaubens der Hindu.

Begegnung mit dem Christentum

Mit dem Christentum kam Indien schon relativ früh in Berührung. Zuerst vielleicht durch die allerdings historisch nicht nachgewiesene, aber z. B. in den apokryphen **Thomasakten** aus dem 3. Jh. n. Chr. in syrischer Sprache überlieferte Mission des Apostels Thomas in Indien (**Thomas-Christen**). Er soll den nordindischen König *Gundaphar* bekehrt, dann in Südindien gewirkt und schließlich in *Mailapur* (einem Vorort der heutigen Stadt Madras den Märtyrertod erlitten haben.

> *Zu jener Zeit waren wir Apostel alle in Jerusalem ... und verteilten die Gegenden der Erde, dass ein jeder von uns in die Gegend, die durch Los auf ihn käme, und zu dem Volk, zu welchem der Herr ihn schickte, reisen solle. Nach dem Los kam nun Indien an Judas Thomas, der auch Zwilling (Didymus) heißt. Er wollte aber nicht hingehen und sagte, er könne wegen der Schwachheit des Fleisches nicht reisen, und: »Wie kann ich, der ich ein Hebräer bin, reisen und den Indern die Wahrheit predigen?« Und als er dies erwog und sagte, erschien ihm der Heiland während der Nacht und sprach zu ihm: »Fürchte dich nicht, Thomas, geh nach Indien und predige dort das Wort, denn meine Gnade ist mit dir.« Er aber gehorchte nicht ... Da traf es sich, dass ein Kaufmann, der von Indien gekommen war, namens Abban, dort anwesend war, der vom König Gundafor abgesandt war, um einen Zimmermann zu kaufen und ihm zuzuführen. Der Herr aber sah ihn sich um die Mittagszeit auf dem Markt ergehen und sprach zu ihm: »Du willst einen Zimmermann kaufen? Ich habe einen Sklaven, der Zimmermann ist, und will ihn verkaufen.« – Und er zeigte ihm von ferne Thomas, verabredete mit ihm ein Kaufgeld von drei Pfunden ungeprägten Silbers und schrieb einen Kaufbrief: »Ich, Jesus, Sohn des Zimmermans Josef, bestätige, einen Sklaven von mir, namens Judas, an dich, Abban, einen Kaufmann Gundafors, des Königs der Inder, verkauft*

zu haben«. Als aber der Kaufbrief fertiggestellt war, nahm der Heiland Judas, der auch Thomas heißt, und führte ihn zum Kaufmann Abban. Der Apostel aber schwieg. Am nächsten Morgen aber betete der Apostel, bat den Herrn und sprach: »Ich reise, wohin du willst, Herr Jesus; dein Wille geschehe.« Und er ging zum Kaufmann Abban hin, nichts weiter bei sich tragend als seinen Kaufpreis, denn der Herr hatte ihn ihm gegeben … (Hennecke-Schneemelcher, Neutestamentliche Apokryphen II, 309f.)

Im 3. Jh. n. Chr. wurden seine Reliquien nach Edessa überführt. Sowohl in Ostsyrien wie in Malabar ist diese **Thomas-Christen-Tradition** nachgewiesen. Im Bereich der indo-malabarischen Kultur gibt es die christliche Hindu-Sekte *Manigramakkar*, die eine eigene kirchliche Struktur entwickelt hat und in Abhängigkeit vom ostsyrischen Patriarchen von Seleukeia-Ktesiphon lebte. Da die Kirche von einheimischen Erzdiakonen geleitet wurde, übernahm sie aber nicht den syrischen **Nestorianismus**, der seit dem 6. Jh. in Südindien missionierte. Die Thomas-Christen wurden dann am Ende des 15. Jh. von den Portugiesen, die im Gefolge Vasco da Gamas ins Land kamen, als ihresgleichen, d. h. wie Katholiken, behandelt, dann aber bald in ihrer Eigentradition und -entwicklung stark behindert, so dass es zu einer Spaltung kam. Die auf die Wahrung ihrer Eigenständigkeit bedachten Thomas-Christen näherten sich den monophysitischen **Jakobiten** an, übernahmen den westsyrischen Ritus und nannten sich **Puthan-kuttukar** (= neue Partei), die anderen hießen **Pazhayakuttukar** (= alte Partei). Letztere spalteten sich noch einmal, da ein Teil von ihnen sich dem chaldäischen Patriarchen unterstellten und Nestorianer wurden. Diese Gruppe umfasst heute ca. 5.000 Personen. Die übrigen Pazhayakuttukar bekamen 1896 einen eigenen Episkopat mit einheimischem Ritus und nennen sich seither **Syro-** oder **Chaldäo-Malabaren**. Sie leben in mehreren Teilen Indiens und zählen derzeit rund 1,5 Mill. Gläubige in den zwei Diözesen *Ernakulam* und *Changanacherry*. Einer der Bischöfe betreut auch die Sondergruppe der **Sudisten,** die sich seit dem 4. Jh. eigenständig entwickelt hatte.

Intensiv wurde die Begegnung, als Vasco da Gama 1494 in Indien landete und die Portugiesen 1510 Goa eroberten. Eine ganze Reihe seefahrender Nationen nahmen Handelsbeziehungen auf – vor allem die Engländer, die Indien zu ihrer Kolonie machten und den Hindus auf diese Weise als Repräsentanten »eines kapitalistisch gewordenen Christentums« (Adolf Holl) begegneten: 1600 wurde von den Engländern die »East India Company« gegründet, und viele europäische Christen und Missionare kamen in verschiedene Landesteile Indiens und traten mit dem Anspruch der zunehmend Mächtigen auf.

So war das europäische Christentum in Indien dann leider jahrhundertlang mit Fremdherrschaft, sozialer Unterdrückung und wirtschaftlicher Ausbeutung verbunden. Auch die in England studierenden »indischen Studenten erlebten die Diskrepanz zwischen Anspruch und Wirklichkeit des Christentums nicht nur in Indien, sondern auch in Europa«. (Heinrich von Stietencron)

Trotzdem konnte das europäische Christentum dem Hinduismus neue Impulse geben, indem es den Polytheismus verdammte, das Bewusstsein für soziale Missstände schärfte und die Kastenordnung in Frage stellte. Viele Inder griffen die christlichen Ideale der Nächstenliebe und der mitmenschlichen Solidarität auf und verbanden sie mit vergleichbaren Inhalten der Bhagavā-Gītā (z. B. Mahatmar Ghāndi). Der menschgewordene Gottessohn bedeutete für Inder, die an die avataras Vishnus oder Shivas glaubten, viel weniger Probleme als den Christen selbst, und die christliche Mystik, Meditaton und Kontemplation fand bei den Hindus viele gleichgestimmte Seelen. Auch die europäischen Wissenschafter leisteten indirekt einen wichtigen Beitrag: Durch ihr Interesse an der indischen Tradition, Sprache, Geschichte und Spiritualität stärkten sie das Selbstbewusstsein der Inder und gaben Anstöße, sich auf die indischen Werte zu besinnen und sich wieder stärker mit ihren Wurzeln zu beschäftigen. Dies bedeutete einen der stärksten Anstöße für die Bewegung des sogenannten **Neohinduismus.**

Begegnung mit dem Islam

Schon vor der Zeit Muhammads haben sich im Zuge der Handelsbeziehungen Araber an der Malabar-Küste in Südindien angesiedelt. Nach deren noch im 7. Jh. erfolgten Islamisierung gab es hier eine ständige, aber insgesamt doch nicht in die Breite gehende islamische Beeinflussung der indischen Bevölkerung.

Der erste Kriegszug arabischer Armeen im Zuge ihrer großen Expansion (vgl. dazu DER GLAUBE DER MUSLIME) erfolgte im Jahr 711 gegen das Land Sind (= Indusregion) und bedeutete über mehrere Jahrhunderte hinweg eine ständige Bedrohung, ohne vorderhand aber zur Gründung von muslimischen Staatsgebilden auf indischem Boden zu führen. Der erste, der dies erfolgreich durchführte, war der türkischstämmige *Ghaznawide* Sebuktigin, dessen Sohn ***Mahmūd*** dann zwischen 998 und 1030 die indischen Regionen Pandschab und Sind mit dem zentralasiatischen Khurāsān und dem östlichen Teil des Iran zu einem Reich vereinigte und das Sultanat von Delhi zur Blüte brachte. Sein Regierungsgebäude nannte man *Dschihād* und seine gut ausgebildeten Krieger *Mudschāhids*. Auf sie konnte er sich bei seinen Kriegszügen verlassen, weil sie gut ausgebildet und motiviert waren.

Mahmūd unternahm nicht weniger als siebzehn erfolgreiche Einfälle in indisches Gebiet, die ihm viel Beutegut einbrachten, aber auch viel Zerstörung verursachten. Er war ein überzeugter Sunnit, organisierte sein Reich aber doch – wie damals üblich – nach persischem Muster (Assasidenreich), wurde zum freigebigen Mäzen und in der letzten Phase des schiitisch dominierten Abbasidenkalifats für die in Mesopotamien, im Westiran und in nordafrikanischen Ländern verfolgten sunnitischen Theologen zu einem unsterblichen Helden, der ihnen nicht nur das Überleben sicherte, sondern auch die Möglichkeit bot, an seinem Hof zu arbeiten und auf diese Weise unter günstigen Bedingungen wichtige Beiträge zum blühenden Geistesleben dieser Zeit zu leisten.

Diese politische und kulturelle Blüte – bei gleichzeitigem Tiefstand der Entwicklung des Hinduismus und auch verstärkt durch das faktische Verschwinden des Buddhismus in seinem Ursprungsland (siehe DER GLAUBE DER BUDDHISTEN) – veranlasste viele Hindus, sich auch religiös dem Islam zu öffnen. Dabei spielte der Sufismus eine wichtige Rolle, da er jener Bereich des muslimischen Glaubens war, der die stärksten Ähnlichkeiten und damit Berührungspunkte zur großen mystischen Tradition und hoch entwickelten Spiritualität der Inder bot. Es kam nicht nur zu einer Bekehrungswelle, sondern die lebensbejahende Sufi-Mystik wirkte auch auf die sehr stark asketisch dominierte hinduistische Geistigkeit ein und bewirkte insofern eine Akzentverschiebung, als der *Bhakti-mārga*, *Shaktismus* und *Tantrismus* eine große Blüte erlebten – was man nicht zuletzt an den freizügigen erotischen Darstellungen z. B. in *Khajuraho* (Kandariya-Mahadev-Tempel) erkennen kann, wo die tantrische *Yogini-Kaula-Sekte* ihr Zentrum hatte. Die Institution der *Devadasi* (= Tempel- oder Gottesdienerinnen) nahm in dieser Zeit einen großen Aufschwung, und die orgiastischen Riten wurden in Steinbildern festgehalten.

Hans Küng versucht ein ausgewogenes Urteil: »Der Tantrismus darf gewiss nicht verteufelt, allerdings auch nicht verklärt werden. Einerseits wurden im Tantrismus im Gegensatz zum orthodoxen Hinduismus unleugbar die Frauen aufgewertet und die Kastengrenzen aufgehoben – eine Aufwertung selbst der Unberührbaren. Andererseits lässt sich nicht verschweigen, dass Tantriker oft eine Philosophie des Sex predigten und praktizierten. Im ursprünglichen Tantrismus mag die Verbindung von Yoga und Sexualität nicht auf die bloße Befriedigung temporärer Bedürfnisse gezielt haben, sondern auf ein bewusstes Zurückhalten der Lebensenergie, auf Sublimierung der Sexualität und Vereinigung mit dem Absoluten. Und die tantrischen Schriften sind gewiss voll von interessanten Spekulationen über Erschaffung und Zerstörung der Welt, Verehrung der Gottheiten und spirituellen Übungen, aber eben auch von Magie, Abnormitäten und Obszönitäten. Priester führen ein Leben der Wollust und gaben sich mit ihren Adepten allen möglichen sexuellen Praktiken hin. Auch in indischen Quellen wurde oft kritisiert, dass die heilige Atmosphäre vieler Tempel durch sexuelle Ausschweifungen verdorben sei. Wenn die geschlechtliche Vereinigung mit wechselnden Partnern (und gar mit Tieren) als Weg zur Vereinigung mit dem Absoluten (*advaita* – Nicht-Zweiheit) praktiziert wurde, kann dies kaum als Symbol der Befreiung verstanden werden. Nicht verwunderlich, dass die Tempelmädchen wegen Promiskuität und Korruption berüchtigt wurden. Ging es doch faktisch um Prostitution im Rahmen des Religiösen. Scharf zugespitzt: **Religion** wurde **für sexu-**

elle Zwecke und Sexualität für religiöse Zwecke missbraucht.«

Eine Schwächeperiode der Ghaznawiden-Dynastie nutzten die ***Ghōriden*** (eine in Zentralafghanistan beheimatete Dynastie), um im späten 12. Jh. n. Chr. im größten Teil des Ghaznawidenreichs die Herrschaft zu übernehmen und sie im oberen Gangestal und im Osten bis nach Benares auszudehnen. In der ghōridischen Armee kämpften viele ehemalige türkische Sklaven, die durch Landzuweisungen *(iqtā)* entlohnt wurden, was bedeutete, dass sie in Gebieten, die sie beherrschten, eine Kopfsteuer einheben durften. Das veranlasste einige dazu, ihr Territorium ständig auszuweiten. So kam es, dass im Jahr 1203 ein ghōridischer Sklave den größten Teil von Bengalen beherrschte. 1210 wurde Delhi unter dem *Ilbarī*-Türken ***Shams ad-Dīn Iltutmish*** Hauptstadt des Ghōridenreichs und das **Sultanat von Delhi** die führende Macht Indiens. Aus dieser Zeit stammen auch die ältesten bis heute erhaltenen islamischen Gebäude, z. B. das *Qutb Minar* (= großes Rundturm-Minarett mit Arkaden) und die Jāmi'-Moschee in Delhi, an der bereits deutlich das Aufgreifen hinduistischer Ornamente und die Kombination mit arabischen Elementen sichtbar ist.

Durch den Mongolensturm, der 1258 das Abbasidenkalifat in Bagdad beendete, wurde Delhi zu einer Zufluchtsstätte für islamische Gelehrte, Theologen, Dichter und Wissenschafter, die aus den verschiedensten Teilen des von den Mongolen beherrschten islamischen Reiches kamen und hier eine Zuflucht fanden. 1290 wurde allerdings die Ilbarī- von der *Kaldschī*-Dynastie abgelöst, welche die islamische Macht auch nach Süden ausdehnte.

Die folgenden zwei Jahrhunderte in der Indus- und Gangesregion waren von Bürgerkriegen und in Delhi einander abwechselnden Dynastien der Tughluq, Sayyid und Lodī bestimmt, ehe der 1483 geborene ***Zahīr ad-Dīn Muhammad Bābur*** im Jahre 1526 von Kabul aus die **Moghul-Herrschaft in Indien** begründete. **Bābur** stammte mütterlicherseits von Dschingis-Khān und väterlicherseits von Tamerlan ab und nutzte geschickt den afghanischen Bürgerkrieg. Nach seinem frühen Tod (1530) konnte sich sein Sohn ***Humāyūn*** nicht halten und musste dem Afghanen ***Sher Khān Sūr*** Platz machen. Humāyūn kam zwar einige Jahre nach Sher Khāns Tod (1545) wieder an die Macht, doch erst sein 1542 geborener Sohn ***Akbar*** (1556–1605) machte das islamische Moghulreich zur beherrschenden Kraft auf dem indischen Subkontinent. Mit seiner geschickten Heiratspolitik, durch erfolgreiche Kriegszüge, eine traditionsbewusste Hofhaltung und eine straffe, aber gegenüber Nicht-Muslimen tolerante und flexible Verwaltung dehnte er seine Macht sowohl nach Norden wie nach Süden aus, ermöglichte aber trotzdem ein kreatives Miteinander der Kulturen und Religionen.

Südliches Eingangstor zum Grabmal Kaiser Akbars in Sikandra bei Agra. Anfang 17. Jh. unter dem Moghul Jahangir errichtet.

Von Akbars systematisch geplanten Städten und Festungen ist viel erhalten – vor allem in der großen Feste von **Agra**, die rund 500 Bauwerke aufwies, von denen allerdings nur Außenmauern, Tore und der berühmte Jahāngīrī-Mahal (das Grabmal für Akbars Sohn) erhalten sind. Am wichtigsten ist aber die von ihm erbaute, als neue Hauptstadt konzipierte Stadt

Fathpūr-Sīkrī – 35km von Agra entfernt –, die seine bedeutende geistige Synthese auch architektonisch zum Ausdruck bringt. Sie wurde in einem einzigen Jahr unter seiner persönlichen Überwachung errichtet, allerdings nach 15 Jahren wegen unüberwindlicher Probleme bei der Versorgung mit Wasser wieder aufgegeben.

Akbar stiftete die synkretistische Religion **Tauhīd ilāhī**, die alle Religionen seiner Untertanen (auch das Christentum) vereinen sollte. Er führte diese Religion offiziell in seinem Reich ein und ließ ein genial gebautes Konferenzzentrum errichten, in dem er oft persönlich bei Streitgesprächen und Dialogen präsidierte und versuchte, das allen Religionen Gemeinsame herauszuheben, indem er an den universellen Glauben der Menschheit appellierte. Diese künstlich erzeugte Einheitsreligion hat freilich seinen Erfinder nicht überlebt, bleibt aber unbestreitbar ein wichtiger Vorläufer aller Versuche, den Dialog der Religionen in Gang zu bringen und mehr Verständnis füreinander zu gewinnen.

Das wohl berühmteste Zeugnis für das gelungene Miteinander von hinduistischem und islamischem Geist und Kunstsinn ist aber der **Tādsch Mahal**, den der zweite Nachfolger Akbars, Kaiser ***Shāhdschahān*** (1627–1657), am linken Ufer des Jumna in Agra für seine geliebte Frau *Mumtāz Mahal* († 1631) errichten ließ. Die indo-persischen Blattmuster in feinster *pietra-dura-Technik* (Mosaike aus geschnittenen Halbedelsteinen), welche sowohl die Außenmauern des Kuppelgrabes als auch die Kenotaphe und die Gitter schmücken, und die gesamte Anlage dieses Gartengrabes, das sich in einem langen schmalen Teich spiegelt und hinter dem man von einer hohen Terrasse auf den Jumna hinabblickt, gehören zu den Höhepunkten hindu-islamischer Gestaltungskraft.

Man darf dabei freilich nicht übersehen, dass die Hindus dem Monotheismus der Muslime als der Religion von Aggressoren begegneten, die Hunderte ihrer Tempel zerstört und in Moscheen umgewandelt hatten und ihre tiefe Gläubigkeit und Verehrungsbereitschaft mit Füßen traten. Besonders radikal regierte der Nachfolger Schāhdschahāns, sein dritter Sohn ***Awrangzīb*** (1658–1707), der seine Brüder aus dem Wege räumte und mit eiserner Hand die Interessen der Moslems durchsetzte. Einen vom Maratha-Führer *Shivadschi* unternommenen Versuch, Südindien (Deccan) vom Moghulreich unabhängig zu machen, konnte er vereiteln, nicht aber den viele Jahre dauernden Guerilla-Krieg, der die Wirtschaft Südindiens ruinierte und dem Hindu-Widerstand im Norden großen Auftrieb gab. Bei seinem Tod war Awrangzīb 89 Jahre alt und starb der Überlieferung zufolge den Rosenkranz in der Hand und ein Gebet zu Allah auf den Lippen. Sein Sohn ***Bahādur-Shāh*** setzte sich zwar im Nachfolgekampf durch, konnte aber das allmähliche Zerbröckeln des Moghul-Reichs nicht verhindern.

Der Perser *Nādir-Shāh* plünderte im Jahre 1739 Delhi und vereinte alle westlichen Provinzen in seiner Hand. 1747 ermordete der afghanische Offizier Ahmad Shāh den neuen Machthaber und jagte ihm den größten Teil des Moghul-Schatzes wieder ab. 1757 errangen dann die Briten in der Schlacht bei **Plassey** einen entscheidenden Sieg gegen den bereits ohnmächtigen Moghul-Herrscher in Bengalen, sahen sich aber bereits einer Reihe unabhängiger Königreiche gegenüber, welche längst schon die Schwäche der Moghul-Dynastie genützt und sich von der Zentralmacht losgesagt hatten.

Es dauerte aber immerhin noch bis 1803, ehe die Engländer den Moghul-Kaiser ***Shāh 'Ālam II.*** »unter ihren Schutz stellten«, d. h. die Versorgung der königlichen Familie garantierten, aber eine Region nach der anderen annektierten, und bis 1858, als die Briten einen muslimischen Aufstand unter Mithilfe der Grundbesitzer, einflussreicher Kaufleute und von neutralen Regierungsbeamten niederschlugen.

Von da an arbeiteten die Briten mit der neuen, loyal gesinnten muslimischen Elite und auch mit der hinduistischen Oberschicht zusammen, die sich aber zu schwach fühlte, um gegen die geschwächten Muslime und die immer stärker werdenden Briten etwas auszurichten.

Die politische Situation konsolidierte sich, seit 1858 der Britische Vize-König und die britische Kolonialregierung in Kalkutta residierten und von dort aus den Subkontinent verwalteten. 1901 wurde die Verwaltung nach Delhi verlegt und bestand bis zum 3. Juni 1947, als der britische Premierminister Clement Atlee die Teilung Britisch-Indiens in Pakistan und Indien verkündete. Nachdem sowohl der indische Kongress als auch die Moslemliga dieser »geistigen Tragödie« (Mahatma

Gandhi) zugestimmt hatten, kam es am 15. August 1947 zur Unabhängigkeitserklärung der Republik Indien bzw. der Islamischen Republik Pakistan.

Die religiösen bzw. weltanschaulichen Konflikte gingen jedoch weiter und bestehen auch heute noch. Hans Küng gibt seine persönlichen Eindrücke davon – die er anlässlich eines Besuchs in Benares gewann –, wie folgt wieder: »Das wichtigste Heiligtum in Varanasi ist im Straßengewühl der Altstadt versteckt. Heutzutage ist es wegen der Spannungen zwischen den Hindus (der Hälfte der Bevölkerung) und Muslimen (vielleicht ein Drittel) von einer ganzen Kompanie Soldaten streng bewacht. Gemeint ist der **Vishvanath-Tempel**, der mehrere Male wieder aufgebaut wurde, zuletzt am Ende des 19. Jahrhunderts von einem Sikh-Maharadscha, mit 750 Kilogramm Gold auf den Dächern verziert. Auch dieser Tempel, den man meist nach dem reinigenden Bad besuchte, ist dem Herrn dieser Stadt geweiht: **Shiva.** Denn gerade an diesem Punkt soll es gewesen sein, dass Shiva im Streit mit den Göttern Brahmā und Vishnu seine ganze Macht gezeigt hatte: Als Linga aus purem Licht, als endlose Lichtsäule soll er erschienen sein.

Auch wenn man den Tempel als Nicht-Hindu nicht betreten darf, so weiß man: Auch in diesem Tempel steht wie in jedem Shiva-Tempel der Linga im Zentrum. Von diesem Lichtmythos hat der heilige Bezirk innerhalb der Stadt Varanasi seinen Namen: ›Stadt des Lichtes‹. Aber es ist in diesem Tempel nicht zu übersehen: Unmittelbar angrenzend steht die große weiße **Gyanvapi-Moschee** des letzten muslimischen Großmoguls Aurangzep unseligen Angedenkens. Anders als der erste bedeutende Großmogul im 16. Jahrhundert Akbar der Große, der wie sein Nachfolger eine tolerante Position verfolgte, ließ der finster-puritanische Aurangzep im 17. Jahrhundert auch in Varanasi fast alle Hindu-Tempel zerstören. Diese Moschee erinnert die Hindus täglich daran, dass Varanasi volle drei Jahrhunderte (seit 1194) unter **muslimischer Herrschaft** stand. Wie hier, so haben rigoros monotheistisch-moralistische Muslime in Ayodhya, auf dem Geburtsplatz Ramas, eine Moschee anstelle des Tempels gebaut … So führte denn auch die Unversöhnlichkeit von Hindus und Muslimen – im Jahr der Unabhängigkeit 1947 – zur Spaltung des Subkontinents: in die säkulare Republik Indien und den islamischen Staat

Pakistan; Ost-Pakistan erklärte sich 1971 als Bangladesh für unabhängig. Eine Million Flüchtlinge und Hunderttausende von Toten war die entsetzliche Folge. Und noch immer sehen viele Hindus in den Muslimen Indiens und Pakistans ihre Hauptfeinde.«

Ähnlich pointiert sieht es Adolf Holl, der 1980 Fernsehfilme über die großen Weltreligionen drehte und über seine Erfahrungen vor Ort in seinem Buch »Religionen« schrieb: »Der jahrhundertlange Religionsunterricht dieser Art, den die Hindus erdulden mussten, hatte wenig Milde an sich. Die Sultane und Moguln waren insgesamt scharfe Despoten, und es ist bezeichnend, dass sogar die geduldigen Bauern gegen sie revoltierten. So haben die Hindus mit dem Eingottglauben Bekanntschaft gemacht und ihm widerstanden ... Schiwa und Wischnu waren stärker als Allah.« (S. 114)

Insgesamt – das heißt: was die hinduistische Religionsentwicklung anlangt – blieb die Einwirkung des Islam auf den Hinduismus eher marginal. In den nachklassischen hinduistischen Denk- und Religionssystemen hat sich fast keine Spur islamischer Geistigkeit niedergeschlagen. Vielleicht lag es daran, dass die islamische Intoleranz gegenüber den Ungläubigen bei den Hindus leidenschaftliche Reaktionen auslöste und sie in eine Abwehrhaltung brachte, die so weit führte, dass sich ein hinduistisches »Glaubenskämpfertum« (Helmuth von Glasenapp) herausbildete, das vorher praktisch unbekannt war – das aber auch noch in unserer Gegenwart in den Auseinandersetzungen zwischen Indien und Pakistan geschichtsmächtig ist.

Zwei Ausnahmen gibt es – die aber doch nur die Regel bestätigen: Die erfolgreiche, aber nur kurzlebige Assimilierung zur Zeit Akbars und die Entwicklung des Sikhismus. Letztere wird am Ende dieses Bandes behandelt werden, hier nur ein bezeichnender Spruch, der von **Nanak**, einem der Väter des Sikhismus stammt: *āmas Haus, das steht im Osten, Allah im Westen Wohnung nahm. Suche im Herzen, schaue im Herzen. Dort ist Allāh und dort ist Rām.*

Bei der großen Bandbreite hinduistischer Gottesvorstellungen und Antworten auf die entscheidenden Lebensfragen konnte es nicht ausbleiben, dass sich die jahrhundertlange Begegnung mit dem Islam auf den Hinduismus dahingehend auswirkte, dass hinsichtlich der Hochgott-, Henotheismus- und Monotheismus-Vorstellungen in verschiedenen Gruppierungen des Hinduismus Ähnlichkeiten und teilweise auch Gemeinsamkeiten mit dem strengen Monotheismus des Islam zu finden sind. Dasselbe gilt für die islamische Mystik (Sufismus), die über weite Strecken hin indischem Denken durchaus nahe kommt, vielleicht sogar davon beeinflusst worden ist. Dasselbe gilt für die große Verehrung, die man den Gurus auf der einen, den Scheikhs auf der anderen Seite zollte. Der große Stellenwert der Bilder, Statuen und Rituale und das Kastenwesens des Hinduismus bieten dagegen kaum Möglichkeiten einer Annäherung.

Natürlich gab es viele Hindus, die zum Islam überwechselten; der Prozentsatz von etwa 12 Prozent Muslime in Indien, 85 Prozent in Bangladesch und 97 Prozent in Pakistan (Zahlen von 1975) ergibt einen Anteil von 27,5 Prozent Muslime im gesamten Subkontinent. Es gibt viele islamische Gruppen, die zahlreiche hinduistische Bräuche und Vorstellungen dulden, was den Übertritt zum Islam erleichterte und ein relativ problemloses Miteinander ermöglichte.

Anders ist das bei den Sekten, die für die Muslime als Ungläubige gelten, mit denen kein Kontakt bestehen kann. Deshalb hatten und haben alle synkretistischen Sekten relativ wenig Zulauf, da ein solcher Beitritt die totale gesellschaftliche Isolation bedeutete – was auch heute noch zu spüren ist.

Die größte Herausforderung für den Hinduismus war aber in den vergangenen drei Jahrhunderten nicht der Konflikt zwischen den Hindus und Moslems – trotz des darin verborgenen Konfliktpotenzials –, sondern die immer stärker werdende Beeinflussung durch die europäische Modernisierung und Säkularisierung.

Die Kolonialzeit (Mahātma Gāndhī)

»Die politische Landkarte Indiens, wie sie vor 200 Jahren ausgesehen hat, zeigt Englands Präsenz schon recht deutlich zwischen Kalkutta und Benares. In Goa saßen die Portugiesen (seit 1510), in Pondicherry die Franzosen (seit 1674), aber ohne nennenswertes Hinterland. Vierzig Jahre später war Indien, mit wenigen Ausnahmen, entweder britischer Besitz oder unter britischem Schutz. Im Jahr 1857 überraschten die unter englischem Kommando stehenden indischen Truppen die Briten mit einer beachtlichen Revolte; sie wurde brutal niedergeschlagen, und ein Jahr später deklarierten die neuen Herren den Subkontinent zum britischen Vize-Königreich. Der englische General-Gouverneur und Vize-König regierte in der Tradition der Moguln, mit Glanz und Gloria. In der Küche von Lord Curzon, Vize-König Indiens von 1898 bis 1905, wurde ein neues Rezept für Schildkrötensuppen erfunden. Eisenbahnen wurden gebaut und Hafenanlagen errichtet, der Tee aus Darjeeling eroberte Europa. Die Grundmuster des Geschäfts, das die Engländer mit Indien machten, war einfach. Indische Rohmaterialien, in der Hauptsache Seide und Baumwolle, wurden billig eingekauft, in England verarbeitet und dann zurück nach Indien gebracht, wo man sie um ein Mehrfaches dessen losschlug, was sie im Land gekostet hätten, wenn sie vom einheimischen Gewerbe hergestellt worden wären. Den anfänglichen Widerstand der indischen Konkurrenz haben die Briten mit einer chirurgischen Maßnahme gebrochen: Sie hackten den indischen Webern die Daumen ab … Als Nebenprodukt der Kolonialwaren gelangten indische Weisheitsbücher nach Europa. Zu Beginn des 19. Jahrhunderts zum Beispiel erschien eine Übersetzung altindischer Philosophiekurse, die Upanishaden. Die wiederum las der junge Schopenhauer und wurde von ihnen stark berührt: ›Ich gestehe, daß ich nicht glaube, daß meine Lehre je hätte entstehen können, ehe die Upanishaden, Platon und Kant ihre Strahlen zugleich in eines Menschen Geist werfen konnten‹ – so schrieb der Denker im Jahr 1816. Drei Jahre später erschien das Hauptwerk Schopenhauers, ›Die Welt als Wille und Vorstellung‹ … Diese Geistesentsprechung ist heute, 150 Jahre nach Schopenhauer, immer noch da. Sinnsuchende aus den westlichen Industrieländern lesen in den Upanishaden, angeleitet von indischen Swamis und Gurus, üben sich in der Meditation, verbringen Monate oder Jahre in diversen Aschrams. All das unter dem Motto: Das Dharma kommt in den Westen.« (Adolf Holl)

Einer, der die Kolonialisierung Indiens am eigenen Leib erlebt hat, nach Auswegen suchte und sich in bewundernswerter

Weise als überzeugter Hindu dieser gewaltigen Herausforderung stellte, war **Mohandas Karamchand** (1869–1948), besser bekannt unter seinem Familiennamen **Gāndhī**, dem der große neohinduistische Lehrer und Literat ***Rabindranath Tagore*** 1915 den Ehrennamen **Mahātma** (= Große Seele) verliehen hat.

Gandhi mit Tagore, der ihn 1915 bei seiner Rückkehr aus Südafrika »Mahatma« (= Große Seele) nennt.

Was die Kolonialzeit an Negativem und Positivem für die Entwicklung des Hinduismus und der Menschen in Indien bedeutet hat, soll nun kurz anhand der Lebensgeschichte dieser herausragenden indischen Leitfigur dargestellt werden.

Gāndhī wurde am 2. Oktober 1869 im Stadtstaat Porbandar auf der Halbinsel Kathiawar nördlich von Bombay in der Provinz Gudscharat in Westindien geboren. Sein Vater *Karamchand Gāndhī* diente sowohl im etwa 70.000 Einwohner zählenden Porbandar als auch im benachbarten, halb so großen Rajkot wie im noch etwas kleineren Stadtstaat Vankaner den jeweiligen Radschas zu verschiedenen Zeiten als Premierminister. Seine Familie gehörte der Kaste der *Banjas* (= Händler) an und gehörte zu den Vaishnavas, den Verehrern des Vishnu. Er war nach Aussagen seines berühmten Sohnes ein wohlhabender Mittelständler. Mohandas Mutter *Putlibai* war seine vierte Gattin und gebar ihrem Mann vier Kinder – der spätere Mahātma Gāndhī war der Jüngste der achtköpfigen Familie.

Die Mutter war sehr religiös und lebensklug, und von seiner Amme Rambha lernte der kleine Mohandas, sich in Stunden der Gefahr und der Verzweiflung an Gott zu wenden. Er studierte das Rāmayāna und baute eine sehr persönliche Beziehung zu Gott in sich auf, den er mit dem Namen Rāma anredete. Vater und Mutter waren religiös tolerant und nahmen die Kinder in verschiedene Tempel mit, außerdem waren sie gut bekannt mit Jaina-Mönchen, die in ihrem Haus verkehrten. Wahrscheinlich kam der hohe Stellenwert, den Gandhi sein ganzes Leben lang der Gewaltlosigkeit *(ahimsa)* einräumte, von dieser kindlichen Erfahrung sehr ernsthafter Gespräche seiner Eltern mit den Jainas.

Auch Parsen und Muslime verkehrten im Haus des angesehenen Politikers, so dass der junge Mann schon sehr früh die religiös-kulturelle Vielschichtigkeit der damaligen indischen Gesellschaft kennen lernte. Nur gegenüber Christen verhielten sich seine Eltern reserviert, denn diese waren als Fleischesser und Weintrinker verschrien, und die aufdringliche Werbung einzelner Missionare und ihr arrogantes Auftreten im Kielwasser der britischen Machthaber schuf eine beträchtliche Antipathie, die Gāndhī erst ablegte, als er die Bibel studierte und mit überzeugenden Vertretern der christlichen Spiritualität persönlich zusammentraf.

Gāndhī wuchs in einer gehobenen Gesellschaftsschichte auf, die sich mit den Briten arrangiert hatte, aber im Herzen patriotisch war und indisch dachte. Er besuchte die Alfred High-School und wurde von seinem Vater mit dreizehn Jahren mit der gleichaltrigen ***Kasturbai Nakandschi*** verheiratet, mit der er – ohne es zu wissen – bereits seit sechs Jahren verlobt war. Um Kosten zu sparen, hatten sich sein Vater und sein Onkel zusammengetan, und sie richteten eine dreifache

Hochzeit aus: Mit Mohandas wurde auch ein älterer Bruder und ein Cousin verheiratet. Gāndhī schreibt darüber in seiner Autobiographie:

Ich hätte es mir damals nicht träumen lassen, dass ich eines Tages meinen Vater schwer deshalb kritisieren sollte, weil er mich als Kind verheiratet hatte. Alles schien mir an diesem Tag recht und gut und erfreulich. Es war also mein eigenes Verlangen, verheiratet zu werden. Ich kann mir sogar heute noch ausmalen, wie wir an unserem Hochzeitstag saßen, wie wir den saptapadi-Ritus vollführten, wie wir als eben verheiratetes Paar einander süßen Kansar in den Mund steckten und wie wir gemeinsam zu leben begannen. Ach, diese erste Nacht! Zwei unschuldige Kinder stürzten sich völlig unwissend in den Ozean des Lebens … Ich verlor keine Zeit, das Recht des Ehemanns geltend zu machen, und so erwartete meine Frau bald ein Kind – ein Umstand, der, wie ich heute sehen kann, eine doppelte Schande für mich bedeutete. Einmal beherrschte ich mich nicht, wie ich es, solange ich noch studierte, hätte tun sollen. Und sodann gewann die Fleischeslust die Oberhand über das, was ich für meine Pflicht als Schüler hielt, und über die noch größere Pflicht: die Hingabe an meinen Vater.« (Heimo Rau)

Der Vater hatte kurz vor der Heirat auf einer Reise einen Unfall erlitten und sich eine schwere Beinverletzung zugezogen, die sich nach drei Jahren dramatisch verschlimmerte, so dass er auf ständige Pflege angewiesen war. Eines Nachts wachte Mohandas nicht bei seinem Vater, sondern schlief bei seiner Frau und wurde von einem Diener mit der Nachricht geweckt, dass sein Vater eben gestorben sei. Dieses Pflichtversäumnis hing dem sensiblen Gāndhī – wie man der Jahrzehnte später entstandenen Autobiographie entnehmen kann – sein ganzes Leben lang nach und erklärt auch seine spätere kompromisslose Forderung nach »Brahmacarya« (Keuschheit).

1887 qualifizierte sich Gāndhī für die Universität und inskribierte, einer Weisung des Familienrates folgend, der seine Mutter beriet, Jura an der Hohen Schule in der Provinzhauptstadt Ahmedabad zu studieren – er sollte eine Laufbahn wie sein Vater einschlagen können. Dann ergab sich die Möglichkeit, das Studium in England fortzusetzen und er verbrachte – nachdem er sich in einer schweren Auseinandersetzung mit dem Kasten-Obersten durchgesetzt und ein heiliges Gelöbnis abgelegt hatte, in England weder Wein noch Weib noch Fleisch anzurühren – drei Jahre (1888–1891) in London.

Dort lernte er nicht nur die westliche Welt und die Heimat der britischen Obrigkeit in Indien kennen, sondern auch durch zwei theosophische Kommilitonen die Bhagavad-Gītā, mit der er in Indien nie in Berührung gekommen war. Sie wurde ihm von da an zu einem unverzichtbaren Begleiter, und er lernte im Laufe der Zeit die 700 Strophen auswendig (vor dem täglichen Zähneputzen heftete er einen Zettel mit einigen Versen an die Wand und nutzte die Zeit der Körperpflege zum Memorieren).

Durch seine beiden Freunde wurde er auch mit *Annie Besant* und *Helena Petrowna Blavatsky* bekannt, die damals gerade zur Theosophischen Gesellschaft gestoßen waren, und er machte sich nicht nur mit hinduistischer, sondern auch christlicher Literatur vertraut, die er bisher nicht kannte. Hier baute er auch sein Vorurteil gegenüber den Christen ab, und vor allem die Bergpredigt wurde ihm – zusammen mit der Gītā – zum Leitstern seines Lebens.

Als er Mitte 1891 als frisch gebackener und im Register des High Court eingetragener »Barrister« nach Hause kam, erfuhr er vom Tod seiner Mutter und lernte den nur drei Jahre älteren jainistischen Mystiker und zugleich erfolgreichen Geschäftsmann *Raychandbai* kennen, der ihn mit seiner tiefen Frömmigkeit beeindruckte und in vielen spirituellen und lebenspraktischen Problemen sein Führer und Helfer wurde. Beruflich konnte Gāndhī aber weder in Radschkot noch in Bombay Fuß fassen, so nahm er das Angebot einer Handelsfirma an, die für ihre Zweigstelle in Südafrika für ein Jahr einen Rechtsbeistand suchte.

Im Mai 1893 trat er in Durban seine Stelle an und erlebte erstmals am eigenen Leib, was koloniale Arroganz und Menschenverachtung bedeuten: Er wurde auf der Bahnfahrt zu einer entscheidenden Gerichtsverhandlung gegen seine Firma in Pretoria von weißen Mitreisenden wegen seiner Hautfarbe als *Kuli* beschimpft und vom Schaffner aus dem 1.-Klasse-Waggon gewiesen. Bei der Ersatz-Fahrt in der Postkutsche wurde ihm ebenfalls ein Platz im Inneren verwehrt und er musste die Fahrt auf den Kutschbock absolvieren. Den Prozess konnte der »Kuli-Barrister«, wie er bezeichnet wurde, aber für seine Firma positiv durchziehen und einen Vergleich aushandeln, wodurch der drohende Bankrott vermieden werden konnte. Gāndhī schreibt darüber in seiner Autobiographie:

Ich hatte hier die wahre Rechtspraxis gelernt. Ich hatte gelernt, die bessere Seite der menschlichen Natur zu aktivieren und zu den Herzen der Menschen vorzudringen. Ich begriff, dass die wahre Funktion eines Anwalts darin bestand, die zerstrittenen Parteien zusammenzuführen. Diese Lehre wurde mir so unauslöschlich eingebrannt, dass ein großer Teil meiner Zeit während der zwanzig Jahre meiner Anwaltspraxis darauf verwendet wurde, in Hunderten von Fällen private Vergleiche zustande zu bringen. Ich verlor nicht dabei – nicht einmal Geld und ganz gewiss nicht meine Seele.

Kurz bevor sein Dienstjahr in Durban zu Ende ging, engagierte er sich für das Wahlrecht der in Südafrika arbeitenden Inder – unter denen es drei Gruppen gab: moslemische, parsische und hinduistische Kaufleute und Arbeiter, die von den Engländern der indischen Kolonie in Durban durchwegs *Kulis* genannt und geschnitten wurden – und blieb in Südafrika. Er ließ sich in die Anwaltsliste eintragen, was nur nach Kampf gestattet wurde, und eröffnete eine Anwaltspraxis; gleichzeitig schuf er eine offizielle indische Interessenvertretung (»Natal Indian Congress«) und bemühte sich, über diese Partei Gesetzesvorlagen zugunsten der vielen indischen Fremdarbeiter durchzusetzen. Nach drei Jahren holte er seine Familie nach Südafrika und aus dem ursprünglich einen Jahr in Südafrika wurden schließlich 21 Jahre.

In dieser Zeit setzte er sich intensiv mit drei Büchern europäischer Sozialreformer auseinander, die sein späteres politisches Engagement entscheidend beeinflusst haben: mit *John Ruskin* (»Unto This Last«) – der für eine natürliche Lebensweise und gegen die Auswüchse der Überindustrialisierung eintrat –, mit *Henry David Thoreau* (»Bürgerlicher Ungehorsam«) – der ein Gegner der Negersklaverei war und gegen alle Abhängigkeiten der Menschen von Kirche, Staat und Tradition auftrat und zu mehr Zivilcourage auffordert; ihm verdankte Gāndhī den Anstoß zu seinem Prinzip der *Satyagraha* (= bürgerlicher Widerstand) – und mit *Leo Tolstoj* (»Das

Reich Gottes ist in euch«), der die Differenz von Lehre und Tat, Wissen und Tun anprangert und den Einklang von Lehre und Leben fordert, um glaubwürdig zu sein und wirksam werden zu können.

Diese drei Anstöße versuchte Gāndhī von da an mit allen Mitteln – zuerst noch für die Inder in Südafrika, ab 1915 dann in Indien – durchzusetzen, zu lehren und zu leben.

In seiner ersten Publikation *Hind Swaraj or Indian Home Rule* fasst er verschiedene Artikel und Reden zusammen, in denen folgende Maximen aufgestellt und begründet werden:

1. *Es gibt keine unüberwindliche Schranke zwischen Ost und West.*
2. *Es gibt nicht eine westliche oder europäische, sondern nur die moderne, materialistische Zivilisation.*
3. *Bevor die Europäer davon berührt wurden, hatten sie viel gemein mit den Menschen im Osten.*
4. *Nicht das britische Volk regiert Indien, sondern diese moderne Zivilisation – durch Eisenbahn, Telegraph, Telephon usw., die als Triumph des menschlichen Geistes gepriesen werden.*
5. *Bombay, Kalkutta und die anderen Städte sind durch die Zivilisation wahre Pestbeulen.*
6. *Wenn die englische durch eine indische Herrschaft ersetzt würde, die dieselben modernen Methoden beibehält, wäre Indien nur ein Nachahmer Europas und hätte sich selbst verloren.*
7. *Ost und West könnten sich begegnen, wenn der Westen die moderne Zivilisation über Bord werfen würde – wenn der Osten sie übernimmt, kommt es zu einem bewaffneten Waffenstillstand.*
8. *Es ist eine Unverschämtheit, die Reform der ganzen Welt beginnen zu wollen.*
9. *Vermehrung des materiellen Wohlstands bewirkt in keiner Weise moralisches Wachstum.*
10. *Die medizinische Wissenschaft ist konzentrierte schwarze Magie, sogenannte Quacksalberei steht hoch darüber.*
11. *Spitäler sind Instrumente des Teufels. Denn sie verewigen Laster, Elend, Erniedrigungen und Sklaverei.*
12. *Indiens Heil besteht darin, das alles aufzugeben und zu lernen, bewusst, religiös und überlegt das einfache Leben*

eines Bauern zu leben, weil nur das einfache Leben Glück schenkt.

13. Inder sollen keine maschinengewebten Kleider tragen.

14. England kann Indien helfen, das zu tun, und kann so seine Herrschaft rechtfertigen.

15. Die alten Weisen zeigten echte Einsicht in die Ordnung der Gesellschaft, als sie die materiellen Güter beschränkten. In einfachen Verhältnissen leben die Menschen lange und in größerem Frieden. Ich fühle, dass jeder erleuchtete Mensch diese Wahrheit lernen und befolgen kann, wenn er nur will.

Der Ausbruch des Weltkriegs veranlasste Gāndhī 1915, nach Indien zurückzukehren. Und er war überrascht, als er in Bombay von jubelnden Massen begrüßt wurde und Rabindranath Tagore ihn *Mahātma* (= Große Seele) nannte. Sein Wirken in Südafrika war im Mutterland bekannt geworden und konnte als Modell für die Zukunft dienen.

Für Hinduisten war Gāndhī ein *Karma-Yogi*, das heißt ein Suchender, der seine Selbstverwirklichung im selbstlosen Tun findet, einer, der sich nicht auf Theoretisieren beschränkt, sondern mit der Wahrheit, die er gefunden hat, experimentiert und sie in sozialen Aktionen und Schöpfungen zu verwirklichen sucht. Gāndhī machte das mit einigen Aktionen, die Signalwirkung hatten:

Aktion *Spinnrad*: In Ahmedabad, einem alten Zentrum der Handweberei, gründete er als Modell für die künftige Gesellschaftsordnung Indiens, die nach den Prinzipien Selbstversorgung und wirtschaftliche Unabhängigkeit von der englischen Kolonialmacht funktionieren sollte, den *Satyagraha-Ashram* und propagierte die Haltung des *Swadeshi*: *»Das ist der Geist in uns, der uns antreibt, uns einzuschränken und nur die unmittelbare Umgebung zu gebrauchen und ihr zu dienen«* – dies gilt für Religion, Politik und Wirtschaft und wendet sich gegen die Überzivilisation. Als persönliches Zeichen setzte er das Spinnrad *(carka)* und die Beschränkung in seiner Kleidung auf das Lendentuch (die Kleidung der Ärmsten der Armen).

Aktion *Satyagraha* (= gewaltloser, passiver Widerstand der Massen): Als die Engländer nach Ende des Weltkriegs 1919 die Ausnahmegesetze weiter aufrecht ließen, rief er am 6. April 1919 zum Generalstreik der besonderen Art auf: Zu einem Tag des Fastens und Betens und zur Einleitung einer Bewegung des bürgerlichen Ungehorsams.

Mit der Neigung zur Gewalttätigkeit, die auf beiden Seiten dadurch ausgelöst wurde, hatte er nicht gerechnet, so brach er die Aktion nach 12 Tagen ab und sprach von einem himalajagrossen Fehler; besonders das Blutbad von Amritsar am 13. April 1919, als die Engländer in der Hochburg der Sikhs auf Übergriffe von Demonstranten mit der Eröffnung des Feuers auf die Menge antworteten, 379 Demonstranten töteten und mehr als 1000 schwer verletzten, veranlassen ihn, den Schwerpunkt auf die Volksbildung zu legen und mit vielen kleinen Aktionen das Bewusstsein zu verändern.

Ein Jahr darauf, 1920, rief er zur Nicht-Zusammenarbeit mit den englischen Behörden auf und forderte die Menschen auf, alle Titel und Ehrungen zurückzugeben und die Schulen, Colleges, Gerichtshöfe und Verwaltungsbehörden zu boykottieren. Er verbündete sich mit der islamischen Khalifat-Bewegung (Wiedereinsetzung des osmanischen Kalifates als religiöses Oberhaupt des gesamten Islam), um die Versöhnung zwischen Hindus und Muslimen voranzutreiben, und rief die 87.000 Bewohner des Bardoli-Distrikts in Gudscharat zum Steuerboykott auf. Darauf wurde er verhaftet und wegen Verleitung zum Aufstand angeklagt. Er erklärte sich schuldig und forderte selbst die Höchststrafe, da er das, was das Gesetz untersagte, als seine moralischre Pflicht ansah. Er wurde zu sechs Jahren Gefängnis verurteilt, aber nach zwei Jahren wegen Haftunfähigkeit entlassen.

Aktion *Salzmarsch*: Als in eine neu errichtete Kommission zur indischen Verfassungsreform von den Engländern kein einziger Inder berufen wurde, protestierte der *Kongress* 1929 unter Führung des militanten Freiheitskämpfers *Subhas Chandra Bose* und des gemäßigten *Jawaharlal Nehru* dagegen und verlangte die volle Unabhängigkeit Indiens und den Austritt aus dem britischen Commonwealth. Als die Engländer dies zurückwiesen und mit härteren Steuergesetzen antworteten (z. B. einer Salzsteuer, die vor allem die Ärmsten traf), rief Gāndhī zum *Salzmarsch* auf: Er würde demonstrativ mit

Gleichgesinnten an die Küste von Dandi ziehen und dort die Salzgesetze übertreten, indem er Salz, das dort in natürlichen Ablagerungen vorhanden sei, aber von der Bevölkerung wegen des Salzmonopols der Regierung nicht verwendet werden durfte, in Besitz nehmen werde. Die groß angekündigte Aktion wurde von der Weltpresse begleitet, und zwischen dem 11. März und dem 5. April begleiteten Tausende Neugierige die Demonstranten auf ihrem Fußmarsch, den Gāndhī immer wieder dazu benützte, um in Dörfern zu den Menschen zu sprechen und zur passiven Resistenz aufzurufen. Viele folgten dem Beispiel und bereiteten ihr Salz selbst. Die Kongressjugend verkaufte unversteuertes Salz in den Städten und stellte auf dem Dach des Kongresshauses in Bombay große Salzpfannen auf. Als die Polizei eingriff, wurden mehr als 60.000 Gesetzesbrecher verhaftet, die sich dagegen nicht wehrten, aber von der Polizei rücksichtslos zusammengeschlagen wurden. »Bei dieser von der Weltpresse überall verbreiteten Satyagraha-Aktion verlor England das Gesicht. Es zeigte sich, dass seine Macht nicht unüberwindlich war und dass der Tag kommen würde, wo sie die Regierung in die Hände derer würde abgeben müssen, die sich, ohne Widerstand zu leisten, seinen Stockschlägen stellten. Die Geschlagenen waren die Sieger«. (Heimo Rau) – Am 17. Februar 1931 wurde Gāndhī vom Vizekönig zu einem Gespräch empfangen. »Er kam nicht als Bittsteller, sondern als Vertreter des indischen Volkes, das soeben in einer gewaltlosen Kraftprobe über den britischen Löwen gesiegt hatte«. Nach drei Stunden vierzig Minuten gab es zwar kein konkretes Ergebnis, aber den Beginn des am 5. März 1931 von Gāndhī und dem Vizekönig Irwin unterschriebenen Delhi-Vertrags, der ein wichtiger Schritt auf dem Weg zur Unabhängigkeit war.

Aktion ***Haridschans – Kinder Gottes*****:** Als die *Unberührbaren* (= die Kasten- und daher Rechtlosen der indischen Gesellschaft) bei bevorstehenden Wahlen im Kongress eine eigene Liste verlangten, unterstützte Gāndhī vom Gefängnis aus, in das er wieder einmal eingeliefert worden war, diese Bestrebung mit der Drohung eines »Fastens bis zum Tod«, und es kam tatsächlich zu einer Einigung, die Gāndhī vor dem Hungertod bewahrte. Gleichzeitig wurde der Einsatz für die *Un-*

berührbaren zu einem neuen Schwerpunkt seines Engagements. Der Mahātma erklärte sein Programm so:

Ich glaube nicht, dass alle Klassenunterschiede vernichtet werden können. Ich glaube an die Lehre von der Gleichheit, wie sie von Krishna dem Herrn der Gītā verkündet wird. Die Gītā lehrt uns, dass die Mitglieder aller vier Kasten auf gleichem Fuß behandelt werden sollen ... und auf das gleiche Maß von Achtung Anspruch haben. Es ist daher unsere Pflicht, dafür zu sorgen, dass die Unberührbaren nicht das Gefühl haben, man verachte sie und sehe auf sie herunter ... Ich will meinen Standpunkt ganz klar machen. Während ich glaube, dass die Einrichtung der Unberührbarkeit, wie sie heute besteht, im Hinduismus keine Stütze hat, anerkennt der Hinduismus Unberührbarkeit in einem begrenzten Sinn und unter bestimmten Umständen ... Als Vaishnava weigere ich mich zu glauben, jemand könne auf Grund seiner Geburt als unberührbar gelten. Unberührbarkeit ist vorübergehend und leicht zu beseitigen, ist auf die Tat, nicht auf den Täter bezogen. (H. Rau, Gandhi, 94ff.)

Seit 1933 brachte er die Wochenschrift »Haridschans« heraus und engagierte sich bis zu seinem Tod für die Anliegen der Unberührbaren. Er trat 1934 sogar aus dem Kongress aus, weil dieser seinen Standpunkt nicht teilen wollte. Im Volk aber hatte er damit einen großen Rückhalt, und so widmete er sich in den folgenden Jahren voll seiner Aktion *Spinnrad* und der Volksaufklärung.

Gāndhīs letztes politisches Engagement bezog sich – nach dem Zweiten Weltkrieg – auf Warnungen, Indien zu zerstükkeln und zwischen Hindus und Muslimen aufzuteilen. Er wandte sich entschieden gegen die Ideologie des *Mohamad Ali Jinnah,* und opponierte gegen die Pläne der Gründung eines Moslemstaates. Als 1946 in Delhi konkret mit den Engländern über die Unabhängigkeit Indiens verhandelt wurde, trug er entscheidend zum Kompromissvorschlag eines Bundesstaates Indien bei – mit einer Bundesregierung für Äußeres, Verteidigung und Verkehr, einem Bundesparlament, das aber viele Funktionen drei Provinzparlamenten abtreten sollte:

A: Hindu Provinzen Zentralindiens.
B: Moslem-Provinzen Westindiens.
C: Bengalen und Assam.

Als aber der Wortführer der Muslime seine anfängliche Zustimmung zu diesem Beschluss wieder zurückzog, ahnte Gāndhī bereits, dass die Einheit Indiens unerreichbar bleiben werde. Bei den blutigen Auseinandersetzungen, die der interimistische Regierungschef Jawaharlal Nehru nicht in den Griff bekam, engagierte sich der damals bereits 77-jährige Gāndhī persönlich, indem er in die Krisengebiete (Kalkutta, Bengalen, Bihar) reiste und dort Frieden zu stiften versuchte. Als aber am 3. Juni 1947 von ***Clement Attlee*** die Teilung Indiens verkündet wurde und sowohl der Kongress als auch die Moslem-Liga ihre Anerkennung ausgesprochen hatten, sah er seine 32-jährige Arbeit für die Einheit Indiens gescheitert. In den schrecklichen Ereignissen, als es zu wahren Völkerwanderungen zwischen den neu geschaffenen Staaten kam, konnte er kaum etwas tun. Und die drei Pistolenschüsse des radikalen Hindu *Nathuram Vinayak Godse,* die am 30. Januar 1948 dem irdischen Wirken des Mahātma ein Ende setzten, bewirkten das, was er selbst nicht mehr zuwege brachte, nämlich dem irrationalen Wüten der hinduistischen und muslimischen Massen Einhalt zu gebieten; durch den Tod des allseits Verehrten kamen sie zur Besinnung!

Pandit Jawaharlal Nehru sagte, als er von seinem Tod erfuhr: »Das Licht ist erloschen in unserem Leben«, und viele andere Persönlichkeiten reagierten ähnlich – z. B. der Freiheitskämpfer *Gopal Krishna Gokhale:* »Ein reinerer, edlerer, tapferer und höherer Geist ist nie auf dieser Erde gewandelt. Wir können wohl sagen, dass mit ihm die Menschheit Indiens in unserer Zeit ihren Höhepunkt erreicht hat.« Und *Martin Luther King* sagte: »Gandhi war der erste Mensch in der Geschichte, der Jesus' Liebesethik über eine bloße Beziehung zwischen Einzelpersonen hinaushob und sie zu einer gewaltigen und wirksamen sozialen Macht in großem Maßstab steigerte.« *Bertrand Russel* bemerkte bitter: »Das unabhängige Indien hat Gandhi zu einem Heiligen gemacht und alle seine Lehren ignoriert.«

Der Neohinduismus (Übersicht)

Von **Neohinduismus** kann man etwa ab dem Beginn des 19. Jh. sprechen. Sein Charakteristikum besteht darin, dass einheimische Hindu-Denker mit der Kultur des Abendlandes, insbesondere mit dem Christentum, bekannt werden und eine umfangreiche Neuinterpretation abendländischer Werte auf Hindubasis unternehmen. Gleichzeitig ging es ihnen um eine Reinigung und Modernisierung des damals stark vom Bhakti-Verhalten und von den Sekten bestimmten Hinduismus im Geist der abendländischen Kultur.

Davon zu unterscheiden wären bestimmte neuhinduistische Gruppen und Sekten, die in zunehmendem Maße seit den sechziger Jahren des 20. Jh. in den USA und in Europa eine umfangreiche missionarische Tätigkeit entfalteten (Transzendentale Meditation des Rishi *Mahesh*; Bhagwan-Bewegung des *Rajneesh*; Divine Light Mission; verschiedenste Yoga-Vereinigungen usw.). Diese Gruppen boten freilich oft nur ein Zerrbild oder Teilperspektiven der hinduistischen Tradition an.

Nachfolgend werden einige wichtige Persönlichkeiten sowie Schulen und Bewegungen, die den Neohinduismus geprägt haben und ihn repräsentieren, ohne Anspruch auf Vollständigkeit vorgestellt:

Rām Mohan Roy († 1833): Er studierte den Islam und den Sufismus, den tibetanischen Buddhismus und die christlichen Schriften (lernte dafür sogar Hebräisch und Griechisch) und kam als Regierungsbeamter in Berührung mit der abendländischen Kultur. 1828 gründete er den **Brāhma-Samāj** (= Brahmanische Gesellschaft) auf der Grundlage der Upanishaden, die er allerdings im Sinne eines reinen Monotheismus interpretierte. Er verwarf die typisch hinduistischen Prinzipien wie Kastenwesen, Kult, Polygamie, Witwenverbrennung usw. und lehnte auch das Gesetz des Karma und des Samsāra ab. Sein Nachfolger ***Debendranath Thākur*** verdrängte die christlichen Ideen und rückte die Gesellschaft näher an den orthodoxen Hinduismus heran. ***Keshab Chandra Sen*** versuchte dagegen eine andere Richtung zu forcieren, er träumte von der *dritten Offenbarung* (nach Altem und Neuem Testament) und einer universalen Religion. Seine tiefe Christusverehrung geschah im Stil der hinduistischen *Bhakti* (= Hingabe). In ein synkretistisches Ritual baute er Taufe und Abendmahl mit ein. Nach seinem Tod zerfiel die Gesellschaft aber bald.

Dayānand Sarasvati († 1883) gründete den **Arya-Samāj** und predigte die Rückkehr zur vedischen Lehre, er verwarf die gesamte *smrti* und ließ nur die Samhitas gelten. Er bekämpfte die Purānas ebenso wie Vedanta und Yoga, Kult und Opfer, Kastenwesen und Kinderehe. Die beiden Gesetze des Samsāra und Karman aber ließ er gelten.

Sivanāryan Agnihotri stiftete 1887 die »göttliche Gesellschaft« **Dev-Samāj** und baute Elemente der abendländischen Naturwissenschaften und des Evolutionismus mit ein. Die Gurus stehen in dieser Gesellschaft in hoher Achtung und treten mit Hilfe von Medien mit der Geisterwelt in Verbindung. Sie vertreten eine radikale asketische Ethik.

Jelena Petrowna Blavatsky und Oberst ***Henry Steel Olcott*** begründeten 1875 auf Sri Lanka die **Theosophische Gesellschaft**, deren Zentrum 1877 nach Madras verlegt wurde. Trotz vieler sachlicher Fehler in der Beurteilung der indischen Tradition und trotz der Vermischung mit kabbalistischen und westlich-okkulten Elementen hatte diese Bewegung in Indien großen Erfolg – besonders als ***Annie Besant***, als Nachfolgerin Jelena Blavatskys, Jiddu Krishnamurti als die Verkörperung Jesu Christi in Indien bezeichnete. Krishnamurti († 1986) machte sich später selbständig und gründete eine eigene Gesellschaft, die das absolut freie und schöpferische Denken in den Mittelpunkt stellte.

Gadādhar Chatterji und seine von ***Narandranath Dutt (= Swami Vivekananda)*** 1897 begründete **Ramakrishna-Mission** erlangte die größte Bedeutung für die Verbreitung des Neohinduismus. Der bengalische Visionär, Ekstatiker und Kali-Priester *Chatterji* († 1886) nannte sich ***Paramhansa Ramakrishna*** und betete im Kloster Dakshineshvar (bei Kalkutta) in Kali nicht die grausame Göttin, sondern die liebevolle Mutter der Welt an. Sein Streben ging aber nicht nur auf Anbetung, sondern auf das Erleben der Anwesenheit der Göttin in visionärer Trance. Die zahlreichen Meditationen untergruben jedoch seine Gesundheit, er vernachlässigte auch seine Priesterpflichten, wurde entlassen, blieb aber Zeit seines Lebens ein treuer Verehrer der Kali. »Heiliger Narr Gottes« wurde dieser Ekstatiker von seinen Verehrern genannt. Den Ehrennamen Ramakrishna gab ihm die Nonne ***Bhairavi***, eine Wanderasketin, die jahrelang bei Ramakrishna blieb und in einer starken geistigen Gemeinschaft mit ihm verbunden war. Sie war es auch, die ihn als Verkörperung eines Gottes ausrief und ***Totapuri***, den »nackten Mann« (einen bedeutenden Asketen), zum geistigen Führer Ramakrishnas bestimmte. Er lehrte ihn, der als »das wahrscheinlich größte religiöse Genie des 19. Jh.« bezeichnet wurde (Kurt Becsi), sich einzig und allein dem Letzten, dem absolut Einen zuzuwenden. In Verbindung mit seiner ungebrochenen Verehrung der Göttin Kali ergab das die Erkenntnis des absoluten Weiblichen im Kosmos (neben dem ohnehin immer präsenten Männlichen) und damit die Erfahrung einer lebensvollen Geistigkeit Gottes – in Abwehr gegen eine abstrakte Rationalität, die Gott nur begrifflich erfassen will:

Gott ist seiner Natur nach Ewigkeit, Reinheit und Bewusstsein. Durch sein Bewusstsein wird man aller Dinge bewusst … Die Göttin offenbarte mir im Kalitempel, dass sie zum Ding jeder Art geworden war. Sie zeigte mir, dass jedes Ding mit Bewusstsein begabt sei. Das Standbild ist von Bewusstsein erfüllt. Die Trinkschalen sind Bewusstsein, der Altar ist Bewusstsein, die Schwelle ist Bewusstsein. Im Inneren des Zimmers ist jedes Ding in Glückseligkeit gebadet. Gegenüber dem Kalitempel habe ich einen bösen Menschen gesehen, aber selbst in ihm habe ich die Macht der göttlichen Mutter beben gesehen. Ich erkannte klar, dass alles die göttliche Mutter war, auch die Katze … Mit meinen eigenen Augen habe ich gesehen, dass Gott selbst im Sexualorgan wohnt. Ich sah ihn einmal im Begattungsakt eines Hundes und einer Hündin.

Ramakrishna war auch ein Meister der Yoga-Meditation, er brachte vor allem die *Kundalini-Meditation* zu höchster Vollendung. Den Vorgang des »Aufsteigens der Schlangenkraft« beschrieb er so:

Irgend etwas steigt mit einer prickelnden Empfindung von den Füßen zum Kopf. Solange dieses Etwas das Gehirn noch nicht erreicht hat, bleibe ich meiner bewusst, doch im Augenblick, da es geschieht, bin ich der Außenwelt abgestorben. Selbst die Funktionen von Gesicht und Gehör hören auf, und das Sprechen ist mir unmöglich. Wer sollte

sprechen? Selbst die Unterscheidung zwischen »ich« und »du« schwindet. Manchmal möchte ich euch berichten, was ich sehe und fühle, wenn diese geheimnisvolle Kraft durch das Rückgrat aufwärts steigt ... Ich bereite mich vor, euch zu erzählen, was ich fühle, wenn Kundalini über die Kehle hinaussteigt, aber wenn ich noch überlege, wie ich es ausdrücken soll, überschreitet der Geist eine Grenze, und es ist aus ... Dieses, was da zum Gehirn mit prickelnder Empfindung aufsteigt, folgt nicht immer der gleichen Art von Bewegung. Die Schriften sprechen von fünf verschiedenen Bewegungsformen. Die erste ist die der Ameise ... das andere ist die Froschweise: Wie ein Frosch zwei drei kurze Sprünge tut, in rascher Folge, und dann eine Weile anhält, ehe er auf die gleiche Art fortfährt, so fühlt man es von den Füßen aufwärts springen. Hat es das Gehirn erreicht, entsteht Samadhi. Das dritte ist die Schlangenbewegung ... so läuft die aufgerollte Kraft zum Kopf aufwärts. Die vierte ist die vogelartige Bewegung ... die fünfte und letzte Art ist die Affenbewegung. Wie die Affen, die von einem Baum auf den anderen wollen, von einem Ast zum anderen springen, und so die Entfernung in zwei drei Sprüngen überwinden, so fühlt der Yogi Kundalini aufwärts springen ...
Der menschliche Geist hat die natürliche Neigung, seine Lebensbetätigungen auf die drei untersten Zentren (Chakras) zu beschränken, deren höchstes sich dem Nabel gegenüber befindet, daher ihm denn die Befriedigung seiner gewöhnlichen Bedürfnisse wie Essen usw. genügt. Erreicht sein Geist aber das 4. Zentrum, dann sieht er schon einen Schimmer höherer Welten. Doch fällt er aus diesem Zustand oft in den der drei niederen Zentren zurück. Wenn sein Geist das 5. Zentrum erreicht, gegenüber der Kehle, kann der Yogi von nichts anderem mehr als von Gott sprechen. Während ich selbst mich in diesem Zustand befand, war mir, als würde ich auf den Kopf geschlagen, wenn jemand in meiner Gegenwart weltliche Gespräche führte ... Ich floh den Anblick weltlich gesinnter Leute, und meine Verwandten kamen mir wie ein gähnender Abgrund vor, aus dem keine Rettung mehr möglich sein würde, fiele ich einmal hinein. Selbst von diesem Punkt kann man noch wieder abgleiten; so muss man auf der Hut sein. Jenseits aller

Gefahr ist der Mensch, dessen Geist das 6. Zentrum erreicht hat, gegenüber der Nasenwurzel. Hier findet er die Schau des Höchsten selbst und bleibt immer im Samadhi. Zwischen diesem Zentrum und Sahasrara, dem höchsten, ist nur noch ein dünner Schleier … Aus diesem Stadium kann der Geist noch wieder herabsteigen zum fünften, oder äußerst, zum vierten Zentrum, doch nicht mehr tiefer … Nachdem er 21 Tage im Samadhi beständig verweilt hat, reißt der letzte dünne Schleier, und er wird für immer eins mit dem Absoluten.

Ramakrishna versuchte auch diesen Zustand der Einung mit dem Höchsten in Worten mitzuteilen:

Der Magnetberg zieht das Schiff, das an ihn herankommt, an sich, reißt alle Nägel heraus und seine Planken auseinander, bis es schließlich untergeht. So wird auch die Seele vom Magneten des Allbewusstseins angezogen, das in einem Nu ihre ganze Individualität und Selbstsucht zerstört – und sie im Meere der unendlichen Liebe Gottes versinken lässt. Niemand vermag zu sagen, was für ein Zustand das eigentlich ist. Es ist die völlige Verwandlung des eigenen Selbst in das seine. Die Puppe aus Salz tauchte ins Meer, seine Tiefe zu messen. Kaum hatte sie aber das Wasser berührt, als sie sich auflöste. Wer kann dann auftauchen und von der Tiefe des Meeres Kunde geben? Wenn alles Unterscheiden aufhört und die vorstellungslose Versenkung erreicht wird, gibt es weder ein Ich noch ein Du, noch dieses Weltall. Denn dieses Bewusstsein und all seine Ichsucht gehen auf in dem absoluten Brahman.

Die Welt ist aber nicht Schein und Illusion (Maya) oder ein Traum, sondern die Wirklichkeit und Wohnung Gottes. Auf die Frage, ob man denn die Welt aufgeben müsse, antwortet er: *»Nein. Warum denn? Der Mensch kann Gott sogar in der Welt realisieren … Die Welt ist Gott. Gott ist die Welt. Bruderschaft aller Kreatur. Jedes lebende Wesen ist Gott. Bruderschaft aller Religionen.«*

Diese sicherlich missverständlichen Worte können nur auf dem Hintergrund der religiösen Erlebnisse und Erfahrungen Ramakrishnas interpretiert werden, dann bieten sie erregende Perspektiven einer neuen, umfassenden, alle Grenzen der Religionen und Konfessionen überwindenden Möglichkeit der großen Einheit. Das bedeutet aber für Ramakrishna nicht die Preisgabe der verschiedenen Eigenarten der Religionen:

Ein großer Teich besitzt mehrere Landestellen (Ghats). Wer auch immer eines dieser Ghats benützt, um zu baden oder seinen Krug zu füllen, gelangt zum Wasser, und es ist zwecklos zu streiten und zu behaupten, das eigene Ghat sei besser als das eines anderen. So gibt es auch viele Ghats, die zum Quellwasser der Ewigen Wonne führen. Jede Religion dieser Welt ist eine dieser Ghats. Gehe unbeirrt mit aufrichtigem und ernstem Sinn durch eines dieser Ghats, und du wirst zu den Wassern Ewiger Wonne gelangen. Behaupte aber nicht, deine Religion sei besser als die eines anderen …

Wie man mittels einer Leiter oder eines Bambusstabes oder einer Treppe oder eines Seiles auf das Dach eines Hauses gelangen kann, ebenso verschieden sind die Mittel und Wege, Gott zu erreichen, und jede Religion der Welt zeigt einen dieser Wege … wie eine und dieselbe Substanz von den Menschen verschieden benannt wird – einer nennt es Wasser, ein anderer vāri, ein dritter aqua, ein anderer pāni –, so wird der Eine, der Sein, Denken und Wonne ist, von den einen als Gott, von den anderen als Allah, von anderen als Hari und wieder von anderen als Brahman angerufen … Es ist ein und derselbe avatāra, der in das Meer des Lebens sich stürzt, an einer Stelle herauskommt und als Krishna bekannt wird, wiederum taucht, an einer anderen Stelle heraufkommt und Christus heißt.

1874 hört Ramakrishna, wie in einem Garten seines Klosters die Bibel vorgelesen wird. Damals wurde er vom Verlangen ergriffen, das Christentum kennen zu lernen. Die Persönlichkeit, das Leben und die Lehre Jesu beeindruckten ihn tief. Eine göttliche Erregung erfasste ihn, Christus erweckte seine ganze Liebe. ***Mahandranath Gupta***, einer der großen Schüler Ramakrishnas, schreibt in der Einleitung zum »Evangelium M«:

Eines Tages sah Ramakrishna während seiner religiösen Meditation ein Wesen mit schönen Augen, heller Haut in heiterer Haltung auf sich zukommen. Als sie beide einander gegenüberstanden, vernahm Ramakrishna aus seinem Inneren heraus eine Stimme: »Siehe hier Christus, der das Blut seines Herzens vergossen hat für die Erlösung der Welt, der durch ein Meer der Angst geschritten ist aus Liebe zu den

Menschen. Das ist Jesus, die verkörperte Liebe.« Der Menschensohn umarmte den Sohn der göttlichen Mutter und verschmolz mit ihm.

An Ramakrishna wird deutlich, dass die Renaissance des Hinduismus im Neohinduismus ohne den schöpferischen Einfluss des Christentums und des europäischen Geistes nicht zu denken ist. Der bekannte Indologe K. M. *Panikkar* weist darauf hin, dass alle bedeutenden Werke der indischen Renaissance in englischer Sprache geschrieben wurden und dass der Westen erst die ungeheure Bedeutung der indischen Tradition wiederentdeckt hat und so den Blick der Inder zurück auf ihre große Vergangenheit lenkte. Erst dadurch brach ein neues Bewusstsein auf: *»Erst das Interesse westlicher Gelehrter und die Übersetzung der selbst bei den gebildetsten Indern jener Zeit nur dem Namen nach bekannten Sanskritklassiker machten die neue indische Intelligenz mit den Schätzen indischen Denkens bekannt.«* Der bedeutende österreichische Dramatiker und Kulturphilosoph Kurt Becsi spricht in diesem Zusammenhang vom »Indischen Zeitalter«: *»Die Renaissance des Hinduismus und der sogenannte Neu-Vedanta erweisen sich als Beginn jener Entdeckung, Entwicklung und Aktualisierung des kosmischen Lebensgefühls, dem wir uns selbst entgegenbewegen, der Indien als geistiges Zentrum dieser kosmischen Kultur vorbereiten könnte.«*

Neu-Vedanta: Nach Ramakrishnas Tod (1886) beschloss die bereits ansehnliche Schar der Jünger, die ihn als göttliches Wesen verehrten, die Lehre des Meisters zu verbreiten. Die größte Bedeutung unter ihnen erlangte *Narandranath Dutt*, der als ***Vivekananda*** vor allem seit seinem Auftreten auf dem Weltkongress der Religionen (1893 in Chicago) der Ramakrishna-Bewegung zum Durchbruch verhalf. Seine Lehre wird **Neu-Vedanta** genannt, weil er ebenso wie Ramakrishna im Geiste des Vedanta (des Shankara) lebte, doch zugleich aus den Weltreligionen und dem modernen Weltbild der westlichen Zivilisation alle jene Elemente aufgenommen hat, die die Lehre und den Weg des Vedanta bestätigen. Dadurch fand der Neu-Vedanta nicht nur in Indien, sondern auch im Westen große Verbreitung. Vivekananda charakterisiert das Anliegen des Neu-Vedanta so:

Ich hatte nur einen alten Mann als Lehrer, und er war sehr eigenartig. Auf intellektuelle Gelehrsamkeit gab er nicht viel, Bücher studierte er kaum; aber schon als Knabe wurde er von der gewaltigen Idee erfasst, die Wahrheit direkt zu erlangen. Zuerst versuchte er es durch seine eigene Religion. Dann wollte er auch die Wahrheit anderer Religionen ergründen … Nachdem er alle erforscht hatte, kam er zu dem Schluss, sie seien alle gut. Er fand keinen Anlass zur Kritik, denn sie sind alle nur verschiedene Wege, die zum gleichen Ziel führen … Je größer die Zahl der Wege, umso größer die Möglichkeit für einen jeden von uns, die Wahrheit zu ergründen … So segnete er alle Religionen. Nun sind aber alle Ideen, die ich verkünde, nur ein Versuch, seiner Lehre Gehör zu verschaffen … Zu seinen Füßen sitzend, nahm ich diese Gedanken in mich auf … Ich war noch ein Knabe. Etwa sechzehnjährig kam ich zu ihm … unser war vielleicht ein Dutzend. Und es war uns allen klar, dass dieses Ideal verbreitet, mehr noch: in die Tat umgesetzt werden musste. Das heißt, es galt, die Frömmigkeit der Hindus, die Barmherzigkeit der Buddhisten, die Tätigkeit der Christen, die Bruderschaft der Mohammedaner in unserem eigenen Leben zu verwirklichen. Wir müssen eine allumfassende Religion beginnen … Manchmal wird behauptet, die Religionen stürben ab, die religiösen Ideen verschwänden aus der Welt. Mir kommt es vor, dass sie erst am Beginn ihres Wachstums stehen … Solange die Religion einer kleinen Kaste, einer Priesterschaft anvertraut war, schloss man sie in Tempel, in Kirchen, in Bücher, in Dogmen, in Zeremonien, in Formeln und Riten ein. Aber sobald sie erst ausgeweitet und gereinigt sein wird, sobald wir zum realen vergeistigten, universalen Grundgedanken vordringen, dann erst wird die Religion lebendig werden, wird unsere ganze Natur durchtränken, wird in jeder unserer Bewegungen leben, wird in alle Poren unserer Gesellschaft eindringen, wird unendlich mächtiger im Guten werden, als sie je gewesen ist … Mein Herz bleibt allen Religionen der Zukunft aufgeschlossen … Das Buch der Offenbarungen ist nicht abgeschlossen … Es ist ein Buch der Wunder. Die Bibel, die Veden, der Koran, alle anderen Heiligen Schriften sind nur einzelne Seiten dieses Buches, unzählige Blätter sind noch nicht aufgeschlagen ... Ich kenne keine großartigere Vorstellung von Gott als folgende: Er ist der erste aller Dichter, der herrschgewaltige Dichter. Das Weltall ist sein Gedicht, mit Reimen und Rhythmen in die unendliche Seligkeit eingeschrieben ... Öffnet sich das Herz des Menschen dem göttlichen Licht, nähert sich die Seele Gott, so bemerkt sie, dass ihr altes Ich hinweg schmilzt. Wenn sie nahe genug gekommen ist, sieht sie, dass sie nichts anderes als Gott ist und ruft aus: Er, den ich dir beschrieben habe als das Leben dieses Weltalls, als gegenwärtig in dem Atom, in den Sonnen und Monden, er ist die Grundlage unseres eigenen Lebens, die Seele unserer Seele. Das bist Du.

In der Nachfolge des 1902 mit 40 Jahren gestorbenen Vivekananda sind *Nikhilananda, Brahmananda* und *Brabhavananda zu* nennen.

Ramana Maharishi (1879–1950): In eine andere Richtung geht die Lehre des nach dem Erleben und dem Erkennen des wahren Selbst strebenden Maharishi, der zwölf Jahre lang als Yogi in absolutem Schweigen in einer Höhle in Südindien, am Fuße des *Heiligen Roten Berges* gelebt hatte. Ausgangspunkt seines geistigen Weges wurde ein Todeserlebnis:

Eines Tages saß ich allein und fühlte mich keineswegs schlecht, da packte mich jäh und unzweideutig der Schrecken des Todes. Ich fühlte, ich müsse sterben, und überlegte sofort, was ich tun solle ... Ich fühlte, diese Frage muss ich selbst lösen, hier und jetzt, auf der Stelle. Gut, sprach ich dann zu mir selbst, dieser Leib ist tot. Starr, wie er ist, werden sie ihn zur Leichenstätte tragen, dort wird er verbrannt und zu Asche. Aber wenn er tot ist, bin dann ich tot? Ist der Leib ich? Dieser Leib ist stumm und dumpf. Aber ich fühle alle Kraft meines Wesens, sogar die Stimme, den Laut ›Ich‹ in mir – ganz losgelöst vom Leib. Also bin ich ein Geistiges, ein Ding, das über den Leib hinausreicht ... Ich bin also ein todlos Geistiges ... All das war aber nicht bloß ein Vorgang in meinem Denken, es stürzte als lebendige Wahrheit in Blitzen auf mich ein, ich ward es unmittelbar gewahr, ohne Überlegen und Folgern. ›Ich‹ war ein höchstes Wirkliches, das einzige Wirkliche in diesem Zustand, und alles bewusste Geschehen, das an meinem Leib hing, war darauf versammelt ... Andere Vorstellungen und Gedanken mögen kommen und gehen wie Töne einer Musik, aber dieses Ich dröhnt als Grundbass fort, der sie alle begleitet und sich mit ihnen verbindet.

Diese Lehre vom wahren Selbst wird durch seine Lehre vom geistigen Herz-Mittelpunkt ergänzt, der kein entsprechendes körperliches Organ besitzt:

Alles, was vom Herzbewusstsein gesagt werden kann, ist, dass es der Kern unseres Seins ist, mit dem wir wirklich identisch sind, ob wir wachen, schlafen oder träumen, ob wir arbeiten oder uns im Samadhi befinden. Dieses reine Herzbewusstsein ist unteilbar; es hat keine Teile; es hat weder Form noch Umriss, kein ›Innen‹ und ›Außen‹ kein ›Rechts‹ oder ›Links‹. Reines Bewusstsein, das ist das Herz, es schließt alles in sich ein; nichts ist außerhalb oder getrennt von ihm.

Drei bedeutende Yogis des vergangenen Jahrhunderts, ***Lahiri Mahasaya*** († 1895), ***Sri Yukteswar*** († 1936) und ***Paramahansa Yogananda*** († 1952) führten ihre Yogapraxis auf den *Kriya-Yoga* eines geheimnisvollen Meisters der Himalaja zurück, den sie **Babadschi** (= verehrter Vater) nennen. Durch diesen Kriya-Yoga vermag jeder sein ursprüngliches Verhältnis zur Natur wiederzugewinnen und Ehrfurcht vor allen alltäglichen und geheimnisvollen Naturerscheinungen zu empfinden. In der »Autobiographie eines Yogi« berichtet Yogananda von seinem Weg, der von kosmischer Geistigkeit bestimmt ist, aber auch die Nähe des Neohinduismus zum Christentum erkennen läßt.

In der Nähe der Lehren Maharishis befindet sich auch ***Anandamayi*** (*1896), die in Indien nur **Mataji** (Mutter) genannt wird, denn sie ist die große Volksmissionarin Indiens. Das Alleinheitserlebnis Maharishis wird bei ihr zur strömenden Freude der Allverbundenheit. Nicht nur durch eine tiefe Lehre wirkt sie, sondern durch das Zeugnis ihres Lebens.

Zu den bekanntesten Vertretern des Neohinduismus zählt auch der aus einer berühmten bengalischen Familie stammende ***Rabindranath (Thākur) Tagore*** (1861–1941), Literatur-Nobelpreisträger 1912 (erster Asiate). Er schrieb von

Kindheit an Gedichte in bengalischer Sprache; insgesamt 40 Bände. Die Weltgeltung Tagores beruht hauptsächlich auf seinen religiös-mystischen Liedern (z. B. in »Gitanjali« = Gespräche einer Seele mit Gott), die auch seine persönliche Situation zur Zeit des nationalen Aufschwungs durch den Neohinduismus besingen. Tagore bringt darin hervorragend die Sehnsucht nach göttlicher Gnade und innerer Ruhe zum Ausdruck. Der große englische Lyriker W. B. Yeats sagte dazu: »Wer einen Vers von Tagore liest, vergisst alle Sorgen der Welt.«

Neben ihm ist natürlich ***Mahātma Gāndhī*** (1869–1948), der bereits ausführlich behandelt wurde, zu nennen, dessen Erbe von ***Sarvodaya Samaj*** weitergetragen wurde, der sich zwischen Kapitalismus und Staatskommunismus als dritter politischer Weg auf einer synkretistischen religiösen Grundlage etablierte:

> *Ahimsa lehrt uns, die gleiche Achtung dem religiösen Glauben der anderen entgegenzubringen, die wir unserem eigenen zubilligen, wodurch wir die mangelnde Vollkommenheit des letzteren zugeben. Ein Sucher nach Wahrheit wird dies willig tun, wenn er dem Gesetz der Liebe folgt. Wenn wir eine vollständige Vision der Wahrheit erreicht hätten, wären wir nicht mehr bloß Sucher, sondern eins mit Gott, denn Gott ist die Wahrheit. Aber da wir nur Sucher sind, werden wir in der Suche fortfahren und uns unserer Mängel bewusst bleiben. Und wenn wir selbst unvollkommen sind, dann muss auch die Religion, so wie wir sie begreifen, unvollkommen sein. Wir haben die Religion in ihrer Vollendung ebenso wenig verstanden, wie wir Gott wirklich verstehen. Unsere Vorstellung von Religion, die so unvollkommen ist, befindet sich daher in einem Vorgang steter Wandlung und Neuinterpretation … Alle Religionen bedeuten eine Offenbarung der Wahrheit, alle sind unvollkommen und neigen zu Irrtümern.*
>
> *Die Verehrung anderer Glaubensformen soll uns nicht blind für ihre Fehler machen. Wir müssen auch stets wachsam bleiben, die Fehler unseres Glaubens zu entdecken, sollen ihn aber aus diesem Grunde nicht aufgeben, sondern versuchen, diese Fehler zu überwinden … Die eine Religion ist jenseits aller Sprache. Unvollkommene Menschen geben sie*

in der Sprache wieder, die sie beherrschen, und ihre Worte werden von anderen interpretiert, die ebenso unvollkommen sind. Wessen Interpretation soll die wahre sein? …
Daher rührt die Notwendigkeit der Toleranz … Toleranz gewährt uns geistige Einsicht und ist so weit von Fanatismus wie der Nordpol vom Südpol … Wahres religiöses Wissen reißt die Schranken zwischen den Glaubensformen nieder … Religionen sind verschiedene Pfade, die alle dem gleichen Ziel zuführen … Das einzige Mittel, die Wahrheit ins Leben zu rufen, ist Ahimsa … Um den allwaltenden und alldurchdringenden Geist der Wahrheit von Angesicht zu Angesicht zu schauen, muss man zuvor gelernt haben, sogar das geringste Wesen der Schöpfung zu lieben wie sich selbst. Und ein Mensch, der danach strebt, kann es sich nicht leisten, sich gegen irgendein Lebensgebiet zu verschließen.
Deshalb hat mich auch meine Inbrunst zur Wahrheit auf das Feld der Politik geführt. Und ich darf ohne das geringste Bedenken, wenngleich in aller Demut sagen, dass die, die da behaupten, Religion haben nichts mit Politik zu tun, nicht wissen, was Religion heißt. Einswerden mit allem, was lebt, ist unmöglich ohne Selbstläuterung; ohne Selbstläuterung bleibt der Wunsch, nach dem Gesetz der Ahimsa zu leben, ein leerer Wahn; Gott kann niemals lebendig werden in einem, der nicht reinen Herzens ist … Ahimsa ist der äußerste Grad von Demut.

Die radikalste geistige und kosmische Revolution des neuen Indien aber verkündete wohl ***Sri Aurobindo Gosh*** (1872–1950), der eine Wandlung vom politischen Revolutionär zum religiösen Visionär erlebte. Sein **Purna-Yoga** (= integraler Yoga) zielt darauf ab, dass die gesamte Menschheit kollektiv einen entscheidenden Schritt tut, nämlich das Göttliche im Menschlichen zu manifestieren. Dies wird erreicht im Zusammenwirken des strebenden Bemühens von unten (von Seiten des Menschen) und der gnädigen Herabkunft (avatāra) Gottes von oben:

In mir war kein Bedürfnis nach Spiritualität, aber ich habe die Spiritualität entwickelt. Ich war unfähig, Metaphysik zu verstehen, aber ich habe mich zum Philosophen ent-

wickelt. Ich hatte kein Auge für die Malerei – ich entwickelte es durch Yoga. Meine Natur wandelte ich um aus dem, was sie war, in das, was sie nicht war. Ich tat es durch ein besonderes Vorgehen, nicht durch Wunder, und ich tat es, um zu zeigen, was sich erreichen lässt und wie es zu erreichen ist ... Die Entwicklungsgeschichte ist noch nicht zu Ende. Die Vernunft ist nicht das letzte Wort und das vernünftige Tier nicht das höchste Gebilde der Natur. So wie der Mensch aus dem Tier aufleuchtet, so entsteht der Übermensch aus dem Menschen ... der übernatürliche Mensch ist das leuchtende transzendente Ziel unserer menschlichen Rasse.

Sri Aurobindo bietet mit seinem Integralen Yoga eine Verwandlung der Menschennatur an. Aurobindo wurde in England erzogen (er kam bereits mit 7 Jahren nach Cambridge) und zum Staatsbeamten ausgebildet. Er wurde jedoch während des Studiums im King's College ein glühender indischer Nationalist, verhinderte seine Aufnahme als Staatsbeamter und schloss sich der revolutionären Gruppe »Lotus und Dolch« an. 1893 kehrte er als Revolutionär nach Indien zurück, wurde nach einem Attentat, an dessen Vorbereitung er beteiligt war, verhaftet und gefangen gesetzt. Im Gefängnis vollzog sich seine große innere Wandlung (begleitet von Visionen und Auditionen). Er wurde nach Pondicherry in Südindien verbannt und blieb dort bis zu seinem Tode. Dort wird er der große Denker Indiens, zieht sich völlig aus dem politischen Leben zurück und schreibt zwischen 1914 und 1920 »Das göttliche Leben«, »Die Synthese des Yoga«, »Untersuchungen über die Gita«, »Das Problem der Wiedergeburt«, »Das Ideal der Einheit«, »Der Zyklus der menschlichen Entwicklung«, »Das Geheimnis des Veda«. Er gründet die Zeitschrift »Arya«, die er anfangs zusammen mit Paul und Mira Richards herausgab.

Mira Richards wird später seine Lebensgefährtin und die Mutter im *Aurobindo-Ashram* (= von ihm gegründete Gemeinschaft). Sie besaß bedeutende mediale Fähigkeiten, die z. B. bei der Gründung der Stadt Auroville eine große Rolle spielten. Aurobindos Ashram entwickelte sich zu einem bedeutenden internationalen Universitätszentrum. Allerdings spielte dort ein ganz bestimmtes, im Sinne der Synthese des Yoga konzipiertes Erziehungsziel eine bedeutende Rolle:

»Den Menschen die notwendigen Lebensbedingungen zu geben, um sich vorbereiten zu können, die neue Kraft zu offenbaren, die die Rasse der Zukunft bilden wird.«

Das größte Werk Aurobindos wurde das Epos **Savitri**. An seinen beinahe 23.000 Versen schrieb Aurobindo 30 Jahre lang. Darin beschreibt Aurobindo seine Erfahrungen mit der oberen und unteren Welt: die Kämpfe, die er selbst im Unbewussten oder Unterbewussten ausgetragen hat. Dieses Epos umschließt die gesamte okkulte Geschichte der Evolution der Erde und des Universums wie die Schau der Zukunft.

Sarvapalli Radhakrishnan (1888–1975) schafft dann die große Synthese zwischen Europa und Indien, zwischen Religion und Naturwissenschaft, zwischen Hinduismus und Christentum, zwischen höchster Philosophie und einfachster Volksfrömmigkeit. In seiner auch im deutschen Sprachraum weit verbreiteten Einleitung zur *Bhagavad-Gītā* schreibt er:

Sri Aurobindo Ghose (1872–1950) und Sarvapalli Radhakrishnan (1888–1975) sind zwei der bekanntesten Intellektuellen des internationalen Neohinduismus.

»Jedes System des indischen philosophischen Denkens bietet uns einen praktischen Weg zur Gewinnung des höchsten Ideals. Obgleich wir mit dem Gedanklichen beginnen, soll es unser Ziel sein, über das Gedankliche hinaus bis zur entscheidenden Erfahrung zu gehen. Philosophische Systeme vermitteln nicht nur metaphysische Theorien, sondern auch geistige Kraftwirkungen. Wenn der Mensch ein Teil des Göttlichen ist, kann man daraus schließen, dass das, was er benötigt, nicht Erlösung im Sinne des Gewahrwerdens seiner wahren Natur ist. Wenn er die Empfindung hat, ein von Gott entfremdeter Sünder zu sein, bedarf er einer Technik, vermittels welcher er daran erinnert wird, dass er seinem Wesen nach einen Teil Gottes bildet und dass jedes gegenteilige Gefühl eine Täuschung darstellt Dieses Gewahrwerden ist kein verstandesmäßiges, sondern ein den ganzen Menschen umfassendes; so bedarf die ganze Natur des Menschen der Überholung.
Die Bhagavadgītā gibt uns nicht nur eine Metaphysik (brahmavidyā), sondern auch eine Erziehungslehre (yogashāstra) an die Hand … Indem wir unsere Energien durch intensivste Konzentration unserer Persönlichkeit zusammenfassen und anschirren (= yoga), bahnen wir uns einen Weg aus dem engen Ich in die transzendente Persönlichkeit. Der Geist entwindet sich seinem eigenen Gefängnis, steht aus ihm auf und erlangt sein ihm eigenes, innerstes Wesen … Die Aufgabe, auf menschlicher Stufe Vollkommenheit zu gewinnen, muss durch bewusste Anstrengung ausgeführt werden. Das in uns wirkende Ebenbild Gottes löst ein Gefühl des Ungenügens aus. Der Mensch wird von einem Gefühl der Eitelkeit, der Vergänglichkeit und der Unsicherheit alles menschlichen Glückes heimgesucht.
Wer auf der Oberfläche des Lebens lebt, mag den Kummer, die Beunruhigung des Geistes nicht empfinden und sich auch nicht dazu gedrängt fühlen, das wahrhaft Gute zu suchen. Er ist ein Tier in Menschengestalt (purushapashu) und wird wie ein Tier geboren, wächst heran, paart sich, zeugt und geht dahin wie ein Tier. Wer jedoch seine menschliche Würde erkennt, wird des Missklangs deutlich gewahr und sucht nach einem Prinzip der Ausgeglichenheit und des Friedens … Das Ebenbild Gottes in uns drückt sich in dem unendlichen Vermögen aus, sich selbst zu überschreiten.«

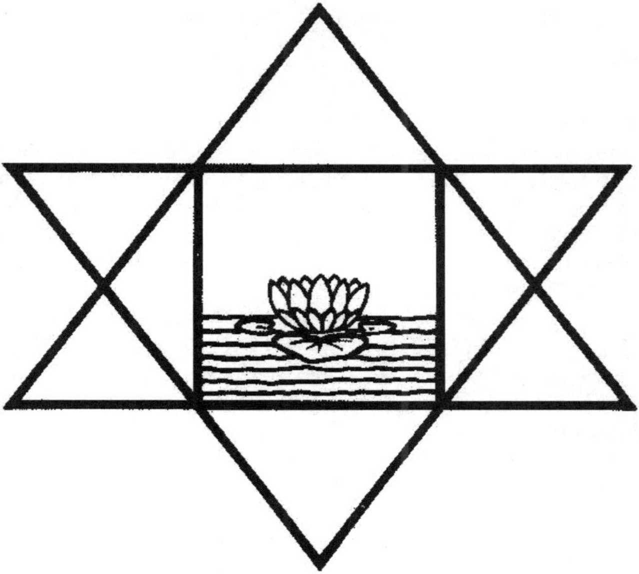

Aurobindos Symbol steht für drei wichtige Ziele seines Lebenswerks und verbindet Stern (Verheißung innerer Schöpfung), Lotus (inneres Sicherschließen) und Quadrat (Sinnbild der Vollkommenheit).

Der Glaube der Jaina (Jainismus)

Der Jainismus ist etwas früher als der Buddhismus ebenso wie dieser als eine anti-brahmanische Reformbewegung entstanden. Es gibt zwischen den beiden Religionen so große Übereinstimmungen in geistiger Haltung und Zielsetzung, dass man im Westen lange Zeit hindurch **Vardhamāna Mahāvira** (= Großer Held), den Begründer des Jainismus, für den Lehrer Buddhas hielt und beide Religionen gleichsetzte. Seinen Namen leitet der Jainismus vom zweiten Beinamen Vardhamānas ***Jina*** (= Überwinder«) ab.

Der Jainismus wurde aber nie eine Weltreligion und hat sich im Sog der hinduistischen Renaissance bzw. unter dem Druck des Islam nach einer Periode großen Einflusses heute zu einer kleinen Minderheit rückentwickelt (0,5 Prozent der indischen Bevölkerung). Außerhalb Indiens leben etwa 70.000 Jainas in Süd- und Ost-Afrika. Obwohl eine Minorität, nehmen die Jainas im gesellschaftlichen Leben Indiens (Handel, Industrie, Wirtschaft) doch eine bedeutende Stellung ein.

Der Jainismus behauptet (wie auch der Buddhismus), dass Mahāvira viele Vorgänger in seiner Funktion als Tirthamkara (= Heilskünder) hat. Die Angaben, die dazu gemacht werden, verweisen aber 22 Vorläufer in das Reich der Sage und Legende. Nur ***Pārshvanatha***, der aus einer königlichen Familie in Benares stammte und im 8. Jh. v. Chr. den Asketenorden der »Entfesselten« (*Nirgranthas*) gründete und hundertjährig durch freiwilligen Hungertod starb, war eine historische Persönlichkeit.

Die Lebensgeschichte Mahāviras gleicht der des Gautama Buddha – vielleicht weil eine alte Legende vom Welterlöser in beiden Fällen als Vorbild gedient hat: Als Sohn des kriegerischen Königs Siddhārta und seiner Gemahlin Trishala, die beide Anhänger des Pārshvanatha waren, wurde er etwa zwanzig Jahre nach Siddharta Gautama in Kundagrāma in Bihār geboren. Er war außerordentlich begabt und entschloss sich schon in seiner Jugend, sich den Nirgranthas anzuschließen. Um seine Eltern nicht durch einen zu frühen Abschied zu kränken, heiratete er ein vornehmes Mädchen. Mit 28 Jahren, nach dem (freiwilligen) Hungertod seiner Eltern, schloss er sich dann dem Asketenorden an, verließ ihn aber enttäuscht bald wieder und suchte im Wanderleben als nackter Büßer die Wahrheit zu finden. Nach langen Jahren erhielt er die Erleuchtung und wurde von da an *Jina* genannt.

Er verbrachte sein weiteres Leben mit der Belebung und Reform des Nirgrantha-Ordens bzw. als Prediger und erlangte im Jahr 477 v. Chr. das Nirvana, nachdem er den Ritus des freiwilligen Hungertodes *(sellekhana)* vollzogen hatte. Die religiöse Gemeinschaft der Jainas umfasst Mönche, Nonnen und Laien. Unter dem Schutz des Begründers der Maurya-Dynastie *Chandragupta* (321–297 v. Ch.) blühte die Gemeinschaft vor allem in *Magadha* auf.

Ab dem 2. Jh. v. Chr. entwickelten sich zwei Hauptrichtungen: Die mildere Richtung der ***Svetāmbaras*** (= Weißgekleidete) schied sich von einer strengeren, den ***Digambaras*** (= Luftgekleidete). Sie unterscheiden sich aber in Dogmatik und Kult nur wenig, sondern vor allem in ihrer Kleidung und Lebensweise und sind sich nur uneinig über die Kanonizität ihrer heiligen Schriften. Die Luftgekleideten meinen, dass im Lauf der Zeit Schriften verloren gegangen sind und dass der von den Weißgekleideten festgehaltene Kanon deshalb unvollständig sei. Dieser Kanon wurde endgültig auf dem Konzil in Valabhi (5. Jh. n. Chr.) niedergeschrieben und wird seither **Siddhānta** oder *Agama* genannt. Der Siddhānta ist im mittelindischen Dialekt Prakrit verfasst und besteht aus zwölf Gliedern (angas) und zwölf Nebengliedern (upangas) sowie den zehn Prakirnas (= zerstreute Stücke), sechs Chedasutras (Legenden, Ordensregeln) und vier Malasutras (Parabeln, Predigten usw.). Daneben gibt es aber auch eine reichhaltige nichtkanonische Jaina-Literatur.

Hemacandra (1088–1172) war einer der vielseitigsten und fruchtbarsten jainistischen Schriftsteller. Sein *Yogasāstra* stellt den Jainismus dogmatisch sowie ethisch und spirituell (Versenkungstechniken) dar. Das Epos *Trisastishalākā-purusacarita* (= Das Leben der 33 großen Männer) enthält eine Darstellung des Lebens der jainistischen Heiligen. Und sein *Pramānamimāmsā* entwickelt die Grundlagen der jainistischen Logik.

Von Bihar aus verbreitete sich der Jainismus über ganz Nordindien und übte vom 5. bis zum 13. Jh. einen relativ großen religiösen und politischen Einfluss aus. In Südindien musste er im 12. Jh. dem Einfluss des *Vishnuismus* und *Shi-*

vaismus weichen, und in Nordindien wurde er vom immer stärker werdenden *Islam* verdrängt.

Die **Lehre des Jainismus** betrachtet die Welt als wirklich und ewig und leugnet ihre Veränderlichkeit. Es verändern sich nur die Formen, die Elemente sind ewig. Es gibt belebte (jiva) und leblose (ajiva) Substanzen, sie sind aber alle in verschiedenen Abstufungen stofflich. Es gibt fünf leblose Substanzen: Raum (ākāsha), Bewegung (dharma), Ruhe (adharma), Zeit (kāla), Materie (pudgala).

Die Materie kann in die Seelen eindringen, deren natürliche Eigenschaften (allwissend, sittlich vollkommen, selig, allmächtig) einschränken, mit einem Körper umhüllen und in den Samsāra stürzen. Diese in die Seele eingedrungene Materie ist das Karman, das aus der Seele ein leidendes, unwissendes, rastloses Lebewesen macht. Lebewesen sind Götter, Dämonen, Menschen, Tiere, Pflanzen, Steine, Flammen, Wassertropfen, Winde usw. (insgesamt 148 Kategorien!).

Der jainistische Dichter, Denker und Geschäftsmann Raychandbai wurde nach der Rückkehr Gandhis nach Indien zu einem seiner wichtigsten Berater und steht für die spirituelle Bedeutsamkeit des Jainismus.

Die unheilvollsten Auswirkungen auf die Bindung (bandha) der Seele durch das Karman haben Unglauben, weltliche Aktivität, Zuchtlosigkeit und Leidenschaft. Die Erlösung der Seele ist nur möglich, wenn sie sich endgültig vom Karman löst, über den Raum emporsteigt und in das *Isatprāgbhārā*, in die ewige Ruhe und Seligkeit, eingeht.

Es gibt dabei keinen Glauben an Gott im Sinne eines Weltschöpfers oder höchsten Wesens. Die Jainisten verehren aber zahllose Gottheiten und Dämonen, die ein buntes Pantheon bilden, aber Lebewesen sind, die ebenfalls mit Karman infiziert sind und im Samsara existieren. Sie leben in Glück und Genuss, bis sich ihr gutes Karman verbraucht hat. Um erlöst zu werden, müssen sie in tierischen oder menschlichen Körpern wiedergeboren werden. Zu diesem **Pantheon** gehören die meisten vedischen und brahmanischen Götter. Das Weltall hat in der Vorstellung der Jainisten eine sehr große, aber begrenzte Gestalt. Es ist im Prinzip unveränderlich. Nur in der Menschenwelt vollzieht sich unaufhörlich die regelmäßige Abwechslung von auf- und absteigenden Weltperioden, die sich beim Abstieg sechsmal verschlimmern und beim Aufstieg verbessern.

Wir leben heute nach jainistischer Anschauung im vorletzten Zeitalter der absteigenden Weltperiode, und nach rund 21.000 Jahren wird die letzte Weltperiode beginnen. Am Ende

Jainas beim Opfer in ihrem Tempel.

dieser furchtbaren Zeit, die in allgemeiner Verwüstung enden wird, werden sich die Verhältnisse allmählich wieder bessern. In jeder Periode erscheinen 63 große Männer (Shalākāpurusha) – die Taten dieser Heiligen und Helden bilden den Hauptgegenstand der jainistischen Weltgeschichte.

Der **Erlösungsweg** ist lange und beschwerlich und geht über *14* Stationen:
(1) völlig vom Irrglauben beherrscht, (2) Vorgeschmack des rechten Glaubens, (3) Mischglauben, kritischer Moment der Entscheidung, (4) rechter Glaube, aber ohne Selbstzucht, (5) bis (12) allmähliche Befreiung von den Leidenschaften, der Fahrlässigkeit, der Unvollständigkeit des Wissens, (13) Allwissenheit, (14) Befreiung von jeglicher Weltbetätigung.

Der **Geist des Jainismus** wird am deutlichsten in erstaunlichen Statuen sichtbar. Das Abbild des Helden *Gommateshvara* – der den Weltallriesen darstellt – erhebt sich z. B. zu riesiger Höhe. Starr und nackt, von Pflanzen umwuchert, steht er da und übt totale Gleichgültigkeit gegenüber allem und jedem, weil jede Regung der Leidenschaft unterdrückt werden muss, um die Erlösung zu erreichen.

Statue eines Jaina-Heiligen. Die sich am nackten Körper empor rankende Liane zeigt die unerschütterliche Konzentration des Meditierenden. Erbaut im 10. Jh. n. Chr.

Der Glaube der Sikh (Sikhismus)

Der **Sikhismus** ist eine der am wenigsten bekannten Religionen der Welt. Er ist praktisch auf eine einzige Provinz der Republik Indien, nämlich auf den Pandschāb, beschränkt. Die Sikhs spielten aber in der religiösen Kultur ihrer Zeit eine unverhältnismäßig große Rolle. Man darf es sich daher nicht zu einfach machen und den Sikhismus bloß als Gemisch zweier Religionen (Hinduismus und Islam) und bewussten Synkretismus bezeichnen. Äußerlich mag dies schon zutreffen, denn die meisten Lehren des Sikhismus haben eine große Nähe zum *Hinduismus*. Die Unterschiede sind aber doch beträchtlich und machen den Glauben der Sikhs zu einer durchaus eigenständigen Religion.

Der **Ursprung des Sikhismus** hängt eng mit dem Übergreifen der islamischen Expansion auf Indien zusammen, die im 8. Jh. beginnt und sich im 12. und 13. Jh. bereits über ganz Nordindien erstreckt. Den Höhepunkt der islamischen Herrschaft stellt die Dynastie der **Moghuln** dar, die zwischen dem 16. und 18. Jh. beinahe den gesamten Subkontinent beherrschten und in dieser Zeit das Leben, die Sprache und die Kunst in Nord- und Zentralindien stark beeinflusst haben.

Bereits im 11. Jh. n. Chr. herrschten die Muslime in Nordindien und versuchten mit fanatischem Eifer, die alten Religionen (Hinduismus und Buddhismus) auszutilgen. Der Buddhismus ist damals entscheidend getroffen und praktisch aus Indien vertrieben worden. Der Hinduismus wurde auch unterdrückt, aber die indische Kultur erwies sich als sehr stark und wirkte in beträchtlichem Ausmaß auf die islamische Kunst, Literatur und auch Religion zurück. Darin ist wahrscheinlich der Nährboden für die Entwicklung des Sikhismus zu finden.

Im 12. Jh. prägte der hinduistische Reformer ***Jaidew*** die Haltung der andächtigen Wiederholung des Namens Gottes als den zentralen Ausdruck des Glaubens, demgegenüber alle religiösen Zeremonien und Vorschriften nichts zählten. Diese religiöse Praxis wurde später zu einem wichtigen Element im Sikhismus.

Die erste formale und dauerhafte Synthese des Hinduismus und des Islam schuf aber ***Kabir*** (1440–1518). Als uneheliches Kind in Benares von einem islamischen Weber aufgenommen und in der islamischen Orthodoxie erzogen, geriet er in den Einflussbereich ***Rāmānandas*** und wurde dessen Schüler.

Die in der Sekte der **Rāmāvants** herrschende soziale und religiöse Toleranz regte ihn dann an, beide Religionen zu vereinigen: Er übernahm die hinduistische Lehre von der ausgleichenden Gerechtigkeit (karman, samsāra) und der Übermaterialität der menschlichen Seele (ātman, brahman), betonte aber als Muslim zugleich die Tatsache, dass Gott Person ist, und zwar der Einzige, den man verehren und anrufen muss und in seinem eigenen Inneren findet. Diese Lehre verkündete Kabir in kunstvollen Gedichten, die er in der klassischen Sprache *Alt-Hindi* formulierte und die von seinen Schülern gesammelt und unter dem Namen **Bijak** (= Rechnung) verbreitet wurden. Das folgende Beispiel möge das veranschaulichen:

Was, Mullah, schreist du hoch vom Minarett?
Glaubst du, schwerhörig sei der Herr?
Such ihn in deinem tiefsten Herzensgrund,
nach dem so laut und aus der Höh du rufst!«

Kabir sah in vielen hinduistischen Sekten den reinen Gottesbegriff verdunkelt und meinte, dass die Unterschiede und Zwistigkeiten zwischen den einzelnen Religionen und Sekten nur durch die äußerlichen Formen des Kults bewirkt werden, dass sie im Grunde aber ohnehin alle denselben höchsten und alleinigen Gott verehren. Er predigte daher das Austilgen aller Äußerlichkeiten, damit nichts die Entwicklung religiöser Gefühle und die Vereinigung der menschlichen Seele mit der göttlichen Wirklichkeit verhindere und das göttliche Wesen dem menschlichen Herzen in aller Reinheit erscheinen könne:

Es gibt nichts als Wasser an den heiligen Badeorten,
und ich weiß, dass sie nutzlos sind,
denn ich habe in ihnen gebadet.
Leblos sind die Götterbilder alle, sie können nicht sprechen;
ich weiß es, denn ich habe laut zu ihnen gerufen.
Die Purānas und der Koran sind leere Worte;
ich habe den Vorhang gehoben und gesehen.
Kabir spricht diese Worte aus Erfahrung,
und er weiß, dass alles andere unwahr ist.

Kabir verwirft Fasten und Kasteiungen, Pilgerfahrten und die Theorie der avatāras und identifiziert Allah mit Vishnu. Er behält den strengen Monotheismus des Islam bei, verbindet ihn aber mit der Māya-Lehre des Hinduismus sowie mit den Vorstellungen des Karman und des Samsāra sowie mit dem Glauben an die Erlösung durch Bhakti.

Insgesamt ist Kabir aber eher ein vom Islam beeinflusster Hindu als ein zum Hinduismus tendierender Muslim. Seine Schüler bildeten eine Mönchsgemeinde und nannten sich **Kabirpanthis**. Diese Gemeinschaft existiert heute noch in der Provinz Uttar Pradesh. Kabir beeinflusste aber auch das Entstehen anderer islamisch-hinduistischer Gruppen, die sich immer stärker dem Hinduismus näherten.

Die älteste und wichtigste wurde von ***Nānak Dev*** (1469–1538) im Pandschab gegründet. Ihre Mitglieder nannten sich ***Sikhs*** (= Schüler). Die Lehre Nānaks ist der Kabirs sehr ähnlich. Er verstärkte aber deutlich die hinduistischen Elemente, duldete Hausriten und Kasten und orientierte sich stark am Panentheismus, an der Gnadenlehre und an der Bhakti-Praxis im Geist der Bhagavad-Gītā. Sehr wichtig ist ihm auch die Rolle der **Gurus** (Seelenführer), die als Vermittler zwischen Gott und den Menschen verehrt werden und die man nach ihrem Tod oft vergöttlichte.

Nānak war der Sohn eines kleinen Beamten, der in der Nähe von Lahore wohnte. Er studierte schon in frühester Jugend Hinduismus und Islam, heiratete dann als junger Mann und gründete eine Familie. Dann wurde er Asket, betete, fastete und meditierte so lange, bis er sich berufen fühlte, seine Botschaft weiterzugeben. Sie war am Anfang sehr einfach: »*Es gibt keinen Hindu, es gibt keinen Muslim*!« Auf seinen langen Wanderungen kam er wahrscheinlich bis nach Mekka.

Nānak hatte als Nachfolger neun Gurus, die aufgrund ihrer Kenntnis der Lehre des Meisters und der Treue zu seiner Sache zwei Jahrhunderte lang dieser Gruppierung eine große Beständigkeit verliehen, so dass sie in dieser Zeit zur »Hochreligion« werden konnte.

Besonders bedeutsam wurde Nānaks 4. Nachfolger ***Ardschan*** (1563–1606), unter dem die Anführerschaft der Sikhs erblich wurde. Er hat den berühmten *Goldenen Tempel* in **Amritsar** gebaut, der seither zur heiligen Stätte der Sikhs wurde, und die Hymnen und Gebete im sogenannten **Adi Guru Granth** (= das erhabene Buch des Guru Ardschan) gesammelt; darin finden sich Gedichte Kabirs und Nānaks ebenso wie Hymnen persischer und hinduistischer Mystiker (z. B. vom Sufi-Scheikh Farid oder vom Hindu-Weisen Parmananda). Die Sikhs verehren den Adi Guru Granth als die lebendige Stimme aller Propheten:

Erbarmen sei dein Mekka, statt Fasten – Demut.
Dein Paradies – Gehorsam dem Guru.
Im Himmel suche keine Huri-Schönheit,
sondern den Glanz des Lichts,
das ausgeht von dem Herrn.
Und Gottesdienst sei deine Freude.
Ich halt' der Hindu Fasten nicht,
veracht' der Muslim Ramadan,
dien' ihm allein, der wird mein Heiland sein.
Mein Herr, Er ist Allah den Muslim,
den Hindu dann Gosain,
Und so erlischt der Streit von Hindu und Islam.
Nach Mekka pilgere ich nicht,
noch bad' ich an der Hindu heiligen Stätten.
Ich dien' dem Einen Herrn und keinem außer ihm.
Ich meid' der Hindu Opfer und der Muslim Beten,
erniedrige mein Herz vor ihm, der ohne Gestalt.
So bin ich weder Hindu noch ein Muslim,
doch bin mit Leib und Seele ich Dein, Du Einer, Gott.«

Nach dem Tode Ardschans erfuhr der Sikhismus eine wesentliche Umwandlung: Im Bewusstsein, sich mit bewaffneter Gewalt gegen die Verfolgung durch Muslime und Hindus schützen zu können, schulten sich die Sikhs in der Kunst der Selbstverteidigung. Bis heute sind sie berühmt für ihre Geschicklichkeit als Kämpfer. Besonders der 10. Guru, ***Govind Rai Singh*** (1675–1708), machte aus der kleinen religiösen Gemeinschaft eine militärische Macht und gab ihr eine theokratische Struktur. Er teilte die Gemeinde in zwei Klassen: die einfachen Gläubigen, die dem »leichten Wege« folgen (Sahijdhāri) und die Elite der »Reinen« (Khālsā), die alle den Beinamen *Singh* (= Löwe) tragen und sich durch eine spezielle Tracht, Frisur (Bart), das Tragen eines Degens und andere Bräuche absondern. Sie müssen die *Fünf K* tragen: Kees (langes Haar und Bart), Kungha (Kamm), Kuchha (kurze Hosen), Kara (Stahlarmband), Kirpan (Stahldolch).

Der Goldene Tempel in Amritsar ist das Hauptheiligtum der Sikhs. Er stammt aus dem 8. Jh. und wurde vor einigen Jahren bei kriegerischen Auseinandersetzungen der separatistischen Sikhs mit der indischen Nationalarmee schwer beschädigt.

Govind Singh fügte dem Adi Guru Granth noch einige Texte hinzu und stellte darüber hinaus ein anderes Buch zusammen, den **Dashm Granth** (= Zweiter Granth).

Seit dem Tode Govind Rai Singhs gab es keine weiteren Gurus mehr. Die Sikhs halten sich vielmehr in allem an die beiden Granths, die ihnen geistliche Weisungen in allen Lebenslagen und Fragen erteilen:

Der eine schert sich das Haupt, hofft, heiliger Mönch zu werden.
Der andere versucht sich als Yogi oder sonst eine Art von Asket.
Einige nennen sich Hindus, andere Muslims.

Unter diesen wieder Schiiten sowie Sunniten sich unterscheiden,
dabei sind die Menschen in aller Welt gleich.

Das 18. Jahrhundert brachte den Sikhs eine Fülle von Kriegen – zuletzt den heldenhaften Kampf gegen die Engländer –, bis 1849 der Pandschab von der »*East Indian Company*« annektiert wurde und ***Dalip Singh***, der letzte Sikh-Herrscher, sich den Engländern ergab. Als Ausdruck seiner Unterwerfung und seiner Treue übergab er der Königin Victoria den berühmten Kohinoor-Diamanten.

Als sich 1857 die Muslime und Hindus gemeinsam gegen die Engländer erhoben, unterstützten die *Sikhs* die Briten und gehörten bald zu den Elitetruppen der Engländer.

Bei der Trennung Indiens in den islamischen Staat **Pakistan** und den hinduistischen Staat **Indien** im Jahr 1947 verschlimmerte sich die Lage der Sikhs, da ihr Heimatgebiet zwischen Indien und Pakistan aufgeteilt wurde. In jüngster Zeit verstärkt sich wieder eine separatistische Bewegung. Unter der Führung ***Bhindranwales***, der 1984 bei der Erstürmung des Goldenen Tempels den Tod fand, strebten die Sikhs die Gründung eines unabhängigen Staates **Khalistan** – zwischen Indien und Pakistan – an.

Im Gegensatz zu allen anderen indischen Religionen gelten für den ***Sikhismus*** die **heiligen Schriften** als Hauptgegenstand der Verehrung und des Rituals. In allen Tempeln liegen Abschriften des Granth unter einem Baldachin. Das Buch selbst ist in Stoff eingehüllt. Wer vor dem Buch erscheint, entblößt sein Haupt, zieht die Schuhe aus und erweist seine Ehrerbietung. An bestimmten Festen wird die *Akhand Path* genannte ununterbrochene Lesung des gesamten Granth vollzogen, die etwa zwei Tage und zwei Nächte dauert.

Einer der Widersprüche in der Sikh-Religion ist ihr theoretischer Pazifismus und praktischer Militarismus – man kann diesen Widerspruch wahrscheinlich nur aus der Geschichte heraus verstehen. Die Rechtfertigung ihrer militanten Haltung *(»Wenn alle anderen Mittel versagten, dann ist es recht, das Schwert zu ziehen«)* stammt jedenfalls aus dem Islam und steht immer wieder im Gegensatz zur ursprünglichen Lehre Nānaks, der die Liebe und die Demut predigte und lehrte, dem Frieden zuliebe das Schwert in die Scheide zu stecken.

Verwendete Literatur

Eliade, Mircea: Geschichte der religiösen Ideen, Freiburg/Br, Bd. I 1978 (S. 177–229) und Bd. II 2. Aufl. 1979 (S. 45–68; 201–213).
Glasenapp Helmuth von: Die fünf Weltreligionen, München 2001.
Hardon John A.: Gott in den Religionen der Welt, Luzern 1967.
Henneke/Schneemelcher, Neutestamentliche Apokryphen. Tübingen 3. Aufl. 1964.
Hierzenberger Gottfried: Der Glaube der Inder und Tibeter (Hinduismus), in: Der Glaube der Menschen, Hg. von Kardinal Franz König, Wien 2. Aufl. 1996, S. 187–217.
Ders.: Erkundungen des Jenseits, Wien 1988. (Jenseitsvorstellungen im alten Indien, S. 30–37, und Die Jenseitserfahrungen des Paramahansa Yogananda, S. 210–227.)
Holl, Adolf: Religionen, Stuttgart 1981.
Husain, Shahrukh: Die Göttin, Köln 2001.
Lexikon der Religionen, Hg. von Franz König und Hans Waldenfels, Freiburg/Br. 1987.
Küng, Hans: Christentum und Weltreligionen (Hinduismus: Heinrich von Stietencron), München 1984.
Ders.: Spurensuche. Die Weltreligionen auf dem Weg, München 2001.
Lanczkowski Günter: Quellentexte zu Mircea Eliade – Geschichte der religiösen Ideen, Freiburg/Br. 1981.
Lyrik des Ostens. Gedichte der Völker Asiens vom Nahen bis zum Fernen Osten, München 1978.
Mackenzie, Simon P. M. / Hitoshi, Ramura: Ganges – Der heilige Strom Indiens, Freiburg/Br. 1982.
Patanjali: Die Wurzeln des Yoga (hg. v. Bettina Bäumer), Bern 1976.
Radhakrishnan, S. (Hg.): Die Bhagavadgītā, Baden-Baden o. J.
Regamey Constantin: Die Religionen Indiens, in: Christus und die Religionen der Erde. Handbuch der Religionsgeschichte, Hg. von Franz König, Bd. III, Wien 2. Aufl. 1956, S. 73–228
Rau, Heimo: Gandhi, rowohlts bildmonographien Nr. 172.
Sartory, Gertrude und Thomas: Die Meister des Weges in den großen Weltreligionen, Freiburg/Br. 1981.

Shankara: Das Kleinod der Unterscheidung. Die Erkenntnis der Wahrheit, Bern 1981. Smart Ninian: Die großen Religionen (1. Hinduismus; 6. Religionen innerhalb des Hinduismus), München 1981, S. 27–56; 263–274.
Stierlin, Henri: Die Welt Indiens, Genf 1983.
Stietencron, Heinrich von: Hinduismus; s. Hans Küng, Christentum und Weltreligionen.
Upanishaden. Die Geheimlehre der Inder, hg. von Alfred Hillebrandt, Düsseldorf 1977. Weber, Renée: Wissenschaftler und Weise. Gespräche über die Einheit des Seins (Gespräch mit Krischnamurti), Grafing 1987, S. 331–350.
Wolff, Otto: Sri Aurobindo, Reinbek 1967.

Topos plus Grundwissen Religion
Informativ – kompetent – objektiv

Gerhard Hartmann
Daten der Kirchengeschichte
ISBN 3-7867-8476-0

Jos Rosenthal
Der Prozess Jesu
18 Stunden bis zur Hinrichtung
ISBN 3-7867-8475-2

Gottfried Hierzenberger
Engel und Dämonen
ISBN 3-7867-8492-2

Gottfried Hierzenberger
Heilige und Heroen
ISBN 3-7867-8493-0
Erscheint 2004

Gottfried Hierzenberger
Maria – Die weibliche Dimension Gottes
ISBN 3-7867-8494-9
Erscheint 2004

Rudolf Simek
Der Glaube der Germanen
ISBN 3-7867-8495-7
Erscheint 2004

Gottfried Hierzenberger
Der Glaube der Atheisten
ISBN 3-7867-8496-5
Erscheint 2004

Die Reihe wird fortgesetzt

Topos plus Grundwissen Religion

Informativ – kompetent – objektiv

Ferdinand Dexinger
Der Glaube der Juden
ISBN 3-7867-8474-4

Gottfried Hierzenberger
Der Glaube der Muslime
ISBN 3-7867-8468-X

Gottfried Hierzenberger
Der Glaube der Hindus
ISBN 3-7867-8469-8

Gottfried Hierzenberger
Der Glaube der Buddhisten
ISBN 3-7867-8470-1

Gottfried Hierzenberger
Der Glaube der Chinesen und Japaner
ISBN 3-7867-8471-X

Gottfried Hierzenberger
Der Glaube der alten Griechen und Römer
Topos plus ISBN 3-7867-8472-8

Gottfried Hierzenberger
Der Glaube in den alten Hochkulturen
Ägypter, Mesopotamier, Indoeuropäer, Altamerikaner
ISBN 3-7867-8473-6

Gottfried Hierzenberger
Der Glaube der Urmenschen
ISBN 3-7867-8491-4

Die Reihe wird fortgesetzt